子どもへの視角

新しい子ども社会研究

元森絵里子・南出和余・高橋靖幸［編］

新曜社

はじめに

　子どもについての型にはまった見方というものがある。「子どもはすばらしい」「大人では思いつかない発想をする」などと、子どもの大人とは異なる特性（子どもらしさ）を賛美し、「子どもらしい時代を確保せねばならない」とする見方や、「子どもが未来の国家・社会を築く」ことを前提とし、「子どものうちのしつけや教育が大切だ」とする見方などである。教育学や子ども学などの子どもに関する学問を学ぶ大学では、これらの日常的な見方の学問バージョンとも言える「児童中心主義」「童心」や、「発達」「社会化」といった概念を習うだろう。

　これらの定型的な見方に関する反論もある。たとえば、「大人の思い込みを子どもに押し付けている」や「子どもは国や社会のために存在するのではない」といった直感的な反発は誰でもすぐ思いつく。だが、この先を考えるのは意外と難しい。

　定型的な見方は、近代と呼ばれる時代、特にヨーロッパの17、18世紀以降に現れ、19世紀末から20世紀にかけて、教育学をはじめ心理学や生物学などさまざまな学問で整備されていったと言われている。そして、20世紀の後半、特に1980年代以降、世界的にそれらの「既存の子ども観」ないし「近代的子ども観」に対する問い直しの機運が起きた。

　日本では、1980年前後から、小児医学、発達心理学、教育学、歴史学、児童文化研究、教育社会学、文化人類学といったさまざまな学問分野で、それぞれの学問分野が前提としてきた子ども観を問い直す動きが同時多発的に生じ、多くの学際的な交流の試みを生んでいった。そこで提案された子どもへの視角は、今もって影響力を保っている。2000年代に、「教育学部」とは異なった視点や学際性を強調した「子ども学部」が相次いで設立されたことはひとつの象徴と言える。

　この1980年代以降の世界と日本における問い直しには、大きく分けて2つのパターンがある。ひとつは、「もっと子ども自身を見るべき」「子どもの視点を尊重すべき」「子どもたちには独自の世界がある」などと、既存の見方が大人

の思い込みだったり大人の勝手な願望の投影だったりする点を指摘し、より子どもの目線に立った子ども中心の視角が必要だと述べるものである。もうひとつは、既存の子ども観が「歴史的なものだ」「社会的に構築されている（つくられたものだ）」という、歴史学や社会学などの裏付けをともなった主張である。もちろん両者を合わせ持つ場合も少なくない。これらは、直感的な反発とも矛盾しないため、学問の世界においてのみならず、市民社会におけるさまざまな実践とも結びついて展開され、今も、子どもについて考えようと思った場合にまず参照する枠組みとなっている。

　本書は、この問い直しの枠組みを再度問い直し、それとは異なった子どもへの視角を考えようとするものである。本書の執筆陣は、社会学と文化人類学という、社会科学に位置する学問分野の研究者である。社会科学とは、新たな価値や規範を組み立てるのではなく、具体的な時代や場所の社会を事実として描写し、分析することを旨とする。その立場から見て、端的に言って、80年代的な視角では、自分たちの対象をうまく記述できないと感じている。

　それはひとつには、現代社会は80年代以上に複雑化しており、80年代のような単純な議論ではおよそ捉えきれないということである。と同時に、もうひとつ、そもそも80年代的な問い直しの視角に不十分な点があり、批判の対象とした同時代や近代と名指した時代をも捉え損なっていたのではないかという点も検討していかねばならない。つまり、こういった反省の先に、それぞれの対象とする時代と場所の子ども観や子どもたちの世界のありようをより事実に即して分析するにはどのような視角が必要なのかを模索していく必要があると考えている。

　このような問題意識に基づき、本書の序章では、1980年代以降の問い直しの何が問題で、それが近代や現代の何をどう見誤っているのかを示しながら、子どもへの新たな視角が必要であることを論じていく。そのうえで、第1章から第9章までの各章では、執筆陣それぞれの研究テーマのなかから、1980年代以降の問い直しをも含む既存の視角では捉えきれないような事例を紹介し、それを捉える視角を提案する。いわば、本書は社会学と文化人類学の立場からの具体的な経験談であり、ヒント集とも言うべきものを目指している。もちろん取り上げられる事例は偏ったものではあるが、各章の論点の時代背景や関連する思潮などは緊密に連関する。それらを通して、新たな視角につながる論点はなるべく盛り込むように構想している。

これを通して、型にはまった子どもの見方に違和感を覚えたり、目の前の事象を分析するのに有効な視角のヒントが欲しいと感じたりしたときに参考となる、仮の地図のようなものができればと考えている。本書の先に、新たな視角を論じる議論が積み重なり、地図が充実していくことを強く望んでいる。

元森絵里子

目　次

Part 2　新たな視角を必要とする現実

第4章　地域に子どもがいることの意味
　　　── 子どもを見守る防犯パトロール

装丁＝新曜社デザイン室

元森絵里子

序章 子どもをどう見るか
── 20世紀の視角を乗り越える

1　はじめに ──「子どもの世紀」の終わりの子どもへの視角の問い直し

「20世紀は子どもの世紀である」と、20世紀最初の年にエレン・ケイは述べた（Key 1900=1979）。「子どもは小さな大人ではない」「子どもにチャイルドフッド（子ども時代・子どもらしさ）を与えなさい」とジャン・ジャック・ルソーが著書『エミール』で宣言したのが1762年。17、18世紀以降の近代社会は、子どもとは何で、しつけや教育といった子どもの取り扱い方はどうあるべきかという理論をつくり出した。やがて、子ども向けの商品市場や子どもらしさを表象する文化・芸術もたくさん生み出されていった。19世紀末から20世紀前半にかけては、「発達」や「社会化」といった科学的理論も整い、近代国民国家が、学校教育、少年司法、児童福祉、保健衛生などの制度を次々整え、私たちが現在そう思うところの「子どもらしい子ども時代」──かわいい、保護されている、勉強する、遊ぶ、働かない、将来に備える、家庭で育つ、責任をとれない、等々──を実現していった[1]。

ところが、先進国で初等教育に加えて前期中等教育までが義務化され、このような「子どもらしい子ども時代」が多くの子どもたちに行き渡ったかに見えた20世紀後半の1970、80年代に、その問い直しが始まる。子どもの世紀の終わりは、「子ども」と「子ども」を見る視角がさまざまな角度から問い直された時代となった。

ひとつには、苦労して実現したはずの子ども時代が、家族や学校に囲い込まれ、大人社会への同化を強制するものとなっていることへの問題意識が登場した。たとえば、イヴァン・イリッチ『脱学校の社会』（Illich 1970=1977）が世界的にヒットし、「学校化」した子どもの環境が問題視された。また、急激に

変容する社会環境が、「子どもらしい子ども時代」を奪っているという議論もなされていった。たとえば、マリー・ウィン『子ども時代を失った子どもたち』（Winn 1983=1984）は、養育力の低下した家族が虐待や早期教育などで子どもを早く大人にしてしまっていると論じている。近代社会の行き着いた先に、「子どもらしい子ども時代」が抑圧され、危機に瀕しているとされたのである。

　もうひとつには、これと同じ時期に、フィリップ・アリエス『〈子供〉の誕生』（Ariès 1960=1980）を嚆矢として、社会史と呼ばれる歴史学の分野から、そもそも私たちの「子ども」や「子どもらしさ」に対する感覚は普遍的なものではなく、近代になるにつれて現れてきたものであるという視点が提起された。そして、この誕生仮説と先述の抑圧仮説が重ね合わされるようなかたちで、現代の子ども観は、近代になって構築されたものであり、それが子どもにとって抑圧的であり、今揺らいでいる／乗り越えねばならないとでもいうような、問い直しの機運が醸成されていった。たとえば、ニール・ポストマン『子どもはもういない（原題：子ども期の消滅）』（Postman 1982=1985）は、読み書き能力の習得を前提とする近代社会がつくり出した子どもと大人の差異を、テレビという簡単に情報が得られるメディアが再度消滅させつつあると論じて世界的にヒットした。

　日本の文脈に目を向ければ、日本は、この変化を先鋭的に体験した社会であったと言える。高度経済成長期（1955 〜 1973年）を経て急速に豊かな社会となり、1974年に高校進学率が90％を超えて後期中等教育までもが広く行き渡った。高等教育進学率も上昇するなか、「学歴社会」と呼ばれるような、学校中心で画一的な子ども時代の長期化が進んでいった。受験競争やいじめ、登校拒否・不登校、自殺や家庭内暴力、少年犯罪といった子どもや教育に関わる問題が注目され、「子どもがわからない」「最近の子どもは昔とは違う」といった感覚をともないつつ、それらの問題に関する報道や研究が増えていった[2]。こういった文脈のなかで、1980年ごろから、このような子ども時代をもたらす社会と子ども観を問い直す機運が、学問の世界にとどまらず、市井にも広がっていった。

　だが、これらの1980年代以降の日本と世界で広まった子どもへの視角の問い直しには、いくつかの問題があるように思われる。それを今一度問い直し、それとは異なった子どもへの視角をもつことが必要ではないか。

　この序章では、日本におけるこのような問い直しの機運（便宜的に「80年代

子ども論」と呼んでおく）がどのようなものであったかを、時代背景や担い手たちにも言及しつつ振り返る。本書の執筆陣もすでにそうであるように、もはやこの時代をリアルタイムでは知らない読者が多いと思われるが、にもかかわらず、この時代の議論の枠組みは未だに子ども研究の視角を規定している。それがどのような前提に立つもので、そのどこに限界があるのかを、より具体的に示していく。

　次いで、日本よりやや遅く、一見似たような問い直しの機運が生じた欧州の子ども社会学の展開を紹介する。あらかじめ述べておけば、欧州子ども社会学は、問い直しの視角がもつ問題を指摘し、その先を考える方向に進んでいる。その紹介を踏まえて最後に、1980年代以降の問い直しも含む既存の枠組みでは捉えきれない近現代の現実があること、それらを記述するための視角が必要であることを示唆したい。このようにして、本書全体が共有する新たな視角のポイントを、理論と現実社会の状況の双方から示していく。

　こういった目的をもつ以上、この序章は既存の学術的な潮流や論点に多くふれていく。事例やヒントを早く読みたい方は、序章を後回しにしていただいてもかまわない。それでもあえて記すのは、このように整理し、後続世代に残しておくことが、新たな「子ども」への視角を考えていくための礎となると考えるからである。

2　1980年代日本における子ども研究の諸潮流

2-1　1980年代における子ども研究の諸潮流

　1980年前後の日本において、小児医学、発達心理学、教育学、歴史学、児童文化研究、教育社会学、文化人類学といった、規範志向の分野と実証志向の分野が入り乱れるかたちで、同時多発的に新しい子ども研究の視角を模索する動きが生じていった。論壇やシンポジウムなどを通して人的交流も活発になされ、ジャーナリスティックな出版物も含みながら、学際的な共同研究の呼びかけがいくつも行われた。市民活動などとの協力関係も多く生まれていった。

　では、狭い意味での学術的な世界の外とも連動したこれらの学問的潮流（80年代子ども論）とはどのようなものだったのだろうか。離合集散しながら多発

的に生じた諸潮流を完璧に分類・整理するのは不可能だが、便宜的に3つのパターンにあえて分けて紹介したい。

2-1-1　教育的子ども観・大人中心主義の反省 ── 子ども文化・子ども社会

　80年代子ども論を特徴づけるのは、第一に、「教育的」で「大人中心主義的」だと見なした既存の子ども観を乗り越えようという動きである。主として、「家族と学校に囲い込まれて、大人社会に従属し、既存の社会秩序に同化させられている子どもたち」という構図で現代の子ども期のあり方と子ども観を批判し、子どもの視点に立ってその生活世界を見つめ、新しい価値を創出することを強調するような子ども理解の枠組みが提案された。それらは、社会学、心理学、児童文化研究等が交錯する分野で、同時多発的に、一部は1950、60年代からの学問的展開の一環として、一部は高度経済成長期以降の時代状況に反応するかたちで生じている。

　具体的には、対抗価値として、子どもも能動的であることや、逆に大人とは根本的に異なった無秩序性をもっていることを称揚したり、子ども文化や子ども集団、遊びなどの大人によらない子どもたちの自生的な（無）秩序の世界があることへの注目を促したりする研究視角が提案された。「教育社会学」ではなく「子ども社会学」、「児童文化」ではなく「子ども文化」といった、大人目線から子ども目線への視点の転換を象徴するような名称変更も主張された。その先には、管理主義的だったり利己主義的だったりする現代社会と大人のあり方を逆照射し、子どもと大人の新たな共同性のあり方を探っていくというような、人間像・社会像の転換も視野に入れられていた。

　たとえば、児童文化研究と教育社会学・教育人類学の狭間で、子ども集団の自生的な文化や秩序を探求しようという提案が生じた。藤本浩之輔（1933〜1995）は、「子ども文化論序説」（1985）において、大人目線で教育的な「児童文化」から、子どもたちの遊びの世界に立ち上がる「子ども文化」へと視点を転換すべきことを主張し、『子どものコスモロジー』（藤本編 1996）に、既存の価値を組み替えていく創発性を見出した。同様に、児童文学と児童文化が交錯するところでは、かつて「さよなら未明」（古田 1959）で、児童文学が大人の理想を投影した童話一辺倒となっていることを反省した古田足日（1927〜2014）が、『子どもと文化』（1982 [1997]）を公刊して、子どもたちの空想・ファンタジーの世界をひとつの拠点に、大人のお仕着せではない「子ども文化」を

探る視角を提案した。この「遊び」や「ファンタジー」をキーワードとする研究視角は、井上俊（1938～）『遊びの社会学』（1977）などの、社会学的な遊び論とも呼応する可能性を孕みながら、さまざまに展開することになる。

　分野が異なりそうに見える都市工学や建築学や造園学の分野でも、仙田満（1941～）の『こどもの遊び環境』（1984）など、同様の現状認識が広がっていった。冒険遊び場（プレーパーク）などの遊び場づくりの社会運動と人と志を共有しつつ、子どもたちが自由に遊べる環境の整備を模索する動きも生じた。これらの実践と思潮は、社会教育学や教育社会学などの研究者にも流用されながら、まちづくりやコミュニティが称揚される時代と結びついて、子どもを尊重する地域の構想を紡ぎ始める。

　このような視角からはさらに、論壇や現代思想とも交錯し、より根本的に子どもたちの他者性や反秩序性を主張するような論調も現れた。本田和子（1931～）は、『異文化としての子ども』（1982）で、「べとべと」「もじゃもじゃ」で混沌とした子どもたちの世界を、大人社会に対する「異文化」と位置づけ、子どもたちの視線に、大人社会の秩序を「逆照射」する可能性を見ている。村瀬学（1949～）の『子ども体験』（1984）は、認識論的で秩序だった共同性の世界である大人の世界に、存在論的で混沌とした自然としての子どもの世界を対置し、そこからさまざまな時評を展開する。山下恒夫（1940～）の『反発達論』（1977）のように、既存の心理学の抑圧的な発達論を転倒し撹乱する、反発達・反進歩のユートピアを論じるものも現れた。

2-1-2　非近代的子どもの探索 —— 社会史・文化人類学

　この時期、第二の特徴として、「教育的」なものに代表される既存の子ども観が、そもそも歴史的・文化的に自明ではなく、西洋型近代社会に特有のものではないかという問い直しが起きてくる。そして、歴史学や文化人類学による、近代以前の時代や社会の子ども期を探求する研究が、第一の動きとときに交流しながら展開されることになる。

　歴史学では、1980年にアリエス『〈子供〉の誕生』の邦訳が出版され、中世には子どもを特別視する感覚はなく、「小さな大人」として見られていたというその主張が、大きなインパクトをもたらした。私たちが子どもに対して抱く、かわいがり保護する感覚と叱りつけ教育する感覚（文中では「可愛がり」と「激昂」と表現される）が、学校制度や近代家族や共同体のあり方の変容と

絡み合いながら、13世紀から18世紀にかけて徐々に誕生したというその指摘から、そのような近代的子ども観の誕生以前と誕生の経緯を具体的に解きほぐそうとする、子ども観の社会史や思想史の試みが相次ぐこととなった。

西洋史では、北本正章（1949～　）が子ども・家族に関わる重要な社会史の著作を1980年代から次々と翻訳し、宮澤康人（1933～　）らは、『社会史のなかの子ども』で、具体的な歴史上の社会関係のなかに子どもを位置づけていく試みを提案した（宮澤編1988）。森田伸子（1945～　）は『子どもの時代』（1986）で、思想史の立場からルソーに注目することで、近代的子ども観が、子どもの尊重と大人社会への同化の強制という矛盾も孕みつつ登場してきたことを解きほぐそうとした。アリエスとは無関係に書かれたというが、柄谷行人（1941～　）の『日本近代文学の起源』（1980）に収められた論文「児童の誕生」は、文学史において、近代的子ども観が歴史的に登場したことを指摘している。こういった先駆的業績の先に、細分化された領域（地域×時代）で、具体的な子ども観や子どもたちの生活を明らかにし、「誕生」の細部を肉付けていくような子ども史の研究群が現れていく。

同じころ、文化人類学では、原ひろ子（1934～　）の『子どもの文化人類学』（1979）が火をつけるかたちで、異文化のフィールドワークのなかで記録されていた、近代社会とは異なる子どもの育ちや養育のあり方が次々と報告されていった。岩田慶治（1922～2013）は、シンポジウム等で多様なフィールドからの報告を集めて、『世界の子ども文化』（岩田編1987）にまとめ、『子ども文化の原像』（岩田編1985）を探っていった。そこには、非近代的社会の子ども期のあり方や子どもへの接し方を見ていけば、近代社会が見失った「原像」が見えてくるという前提があったと言える。

つまり、社会史・思想史の探求は、近代の来歴を探り近代を問い直す視点を、過去にさかのぼって探っていった。それに対して、文化人類学の記録を結集する動きは、同様の近代の問い直しの視点を、非近代的な社会に求めていったと考えられる。人類学の試みのなかには、明治生まれの方への聞き取りなども含まれている。「明治生まれの人」や「非近代社会」といった、近代とは異なると思える世界（実態はともかくとして）に、ぎりぎりアクセス可能な時代であった。これらの動きは、ときに重なりつつ、「近代的子ども観」とは異なった子どものあり方を探求し、そこに「原像」なり「本来の姿」なりを見ようとしていった。

2-1-3　社会変動への視点 —— 小児科・実証主義教育社会学

　第一、第二の潮流とやや視点が異なるのが、第三の潮流である。急速な社会変動と技術変化のなかで、子どもについて、規範的・理念的にではなく社会的・実証的に捉えていかねばならないという視点が、まったく異なった諸分野で出てくる。

　ひとつは、小児科医の小林登（1927〜）が主導した「子ども学（チャイルド・サイエンス）」の構想である。これは、教育的視座や近代社会への反省というよりは、乳幼児死亡率の極小化を達成した小児医学の内在的展開に端を発していると思われる。つまり、この時期、小児科が対象とする子どもの疾患は、生物学的側面にとどまらなくなり、心身症や環境由来の疾患が問題化してくる。その結果、医師が学校問題や家族問題などに関わらざるをえない時代となったのである。そのなかで、医学・生物学、さらには公衆衛生や栄養学を超え、思想や社会情勢といった社会文化的・社会心理的側面に目を配った子ども把握に向かう必要が出てきた。そこに、脳科学、認知心理学、進化生物学といった生物学的発達に関する最新の科学的知見が加わり、それらを踏まえて総合的に子どもの発達を捉える視角が探求された。

　これとは別に、統計手法の洗練とともに実証主義的傾向を強めつつあった教育社会学において、質問紙調査などを駆使して、大人による予見を極力廃し、子どもたちの世界や意識の実態を記述する試みがなされた。住田正樹（1944〜）は、『子どもの仲間集団と地域社会』（1985）で、子ども集団の秩序に新たな地域と社会の構想可能性を探ろうとした。深谷昌志（1933〜）らは福武書店（現ベネッセコーポレーション）の実態調査シリーズ『モノグラフ』（1978〜2004）を、門脇厚司（1940〜）らは東京都子ども基本調査（1977〜1998）を拠点に、仮説検証型ではない探索型の統計調査を行っていった。

　このような医学・生物学的な面ではなく社会的な面を視野に入れたアプローチ、規範的な子ども像の探求よりも実証的な検討といった視点は、第一、第二の視点にまた別の角度からデータを与えることになる。また、並行するように、前述のとおり、子どもをとりまく環境の変化で、子どもらしい子ども時代が消滅したという議論も流行した。これらも、子どもたちがどう変わったかという実証研究と合流していった。

2-1-4　学際的交流の試み

　こうして、便宜的に3つに分けて紹介した同時代的な諸潮流は、関心の重なりや人的交流によってそれぞれに合流し、1980年代前半に子ども研究の大きなうねりとなった。なかでも小林登は、これまで名前を挙げてきたような重要論者を含む、医学・心理学・行動科学から教育学・保育学、歴史学・人類学・民俗学といった多分野から論考を集め、『新しい子ども学（全3巻）』（小林ほか 1985-86）という大著を編纂した。また、『挑発する子どもたち』（山口ほか 1984）は、同名のシンポジウムを元に編まれたもので、山口昌男（文化人類学）・前田愛（文学）・本田和子（児童文化研究）・中村雄二郎（哲学）・川本三郎（文芸批評）・H. B. シュワルツマン（人類学）という学際的メンバーが、子どもの視点のもつ批評性を論じあっている。

　総じて豊かな時代でもあり、シンポジウムや出版に、現代よりも容易に潤沢な資金が投じられたであろう。当時の論壇や学会を背景とした属人的なネットワークに基づきつつも、単一の学問分野にとどまらない学際的視角が探求されたのである。

2-2　結実と拡散

　結果だけ見れば、このような学際的交流は、適度な単位に空中分解しつつ、1990年代から2000年代前半にかけて、学際的というよりは、それぞれの分野の範囲で成果をまとめていった。たとえば、藤本や深谷が中心となった日本子ども社会学会（1994〜）、小林が中心となった日本子ども学会（2003〜）、仙田が中心となったこども環境学会（2004〜）と、それぞれに微妙に異なる分野を集めた「学際学会」が設立された。

　児童文化研究・教育社会学・児童文学や社会教育や社会運動の実践が交錯する分野では、「ファンタジー」「コスモロジー」「遊び」に加え、「アニマシオン（生命・魂の活性化）」（増山 1994）、「社会力」（門脇 1999）、「野生」「超社会化」（亀山・麻生編 2000）、「生成」（矢野 2006）といった、「教育」「社会化」に対抗する子どもから大人への道筋を描き出し、その鍵となる子どもの内的変化そして社会形成の原理をさまざまな用語で概念化する試みがいくつもなされた。2000年代以降にも、いくつかの集大成的な書物が出版されている（増山ほか編 2016など）。

最も海外の専門的な研究動向と連携していたと考えられる社会史は専門性に回帰し、『大人と子供の関係史序説』（宮澤 1998）や『子ども観のグローバルヒストリー』（村知ほか編 2018）といったかたちで、子どもの「誕生」図式の精緻化の試みが続けられていった。文化人類学の子ども研究は、「非近代的」と見えた社会の縮小もあり、「子どもの文化人類学」の試みは積極的には引き継がれず、教育人類学という応用人類学へと展開していった。

　小林の「子ども学」構想は、医学を主軸に据えた他から独立した枠組みに結実していった（小林 1999）。脳科学や進化生物学の知見を社会性の獲得図式に組み込もうという関心は、社会学者や教育学者によって、単発的に試みられている（門脇 1999; 真木 1993）。

　こういった80年代子ども論の諸潮流とそれらが提起した新しい視角は、2000年代に増える「子ども学部」などを通してゆるやかに制度化され、子どもについて考えたいと思った人が、まず参照する枠組みのひとつとなっている。しかし、そもそもその枠組みには、次に見るような論理的、現実的な問題が指摘できる。

3　1980年代的な議論は何であったのか

3-1　対抗視角の曖昧な合流

　80年代子ども論の諸潮流には、子どもに対する処遇は既存のものではなくこうあるべきという規範的な視角と、そのような規範的な予断から距離をとって現実社会の中の子どもを把握しようとする実証的な視角とが共存している。同様に、子どもは歴史的・文化的に構築されたものだとする構築論的な視角と、現代の子ども観が構築物ならば、その向こうにあるはずの「本来の」ないし「よりよい」子どものあり方（本質）を明らかにしたいという本質論的な視角とが含まれている。さらに、子どもをそれ自体として尊重しようとする視角を打ち出しつつ、どこかでそのようにして尊重される子どもを既存の社会を問い直す手段として見ようとする視角も含まれている。つまり、論理的に考えれば両立しがたいような諸視角が、その矛盾を過度に表面化させることなく混在し、交流・合流していたのである。

これらが矛盾に見えず、前提とする視角や目的も異なった諸分野がまがりなりにも共闘できたのは、「大人中心」で「秩序への同化主義的」な「教育的子ども観」「近代的子ども観」が曖昧に仮想敵として共有されていたからではないだろうか。それに代わって探求される「大人に従属しない自立的な」「非近代の」「社会変化の影響を受ける」子どもという像は、実際には重なりきるものではない。にもかかわらず問題意識を共有できたのは、後知恵的に見れば、高度経済成長期のような急速な社会変動と、それに並行した子ども期の学校化を経験した直後の時代という背景が大きいように見える。既存の子ども観が大人の押し付けに見えたり、「最近の子ども」を「昔の子ども」と異なったもののように考えてしまったりすること自体は、往々にしてありえることである。ただ、社会変動の時代に、「最近」と「昔」の差がリアリティをもって受け入れられやすかったとは言えるだろう。さらに、当時子どもを論じた世代は、1920年代後半から1940年代生まれで、まさに高度経済成長という社会変動の前を子どもとして記憶している世代であった。そのため、とりわけ「現代の子ども時代」を「昔と違う」「子どもらしくない」と考え、その理由を「近代化」や「学校化」といった社会変化に求めがちだった可能性はある。

　アリエスに代表されるような、子ども観が普遍的なものではなく、近代社会になって歴史的・文化的に構築されたものだという指摘は、既存の子ども観を否定して、今後に向けて新たな子ども観をつくり上げたいという規範的願望とは、ひとまずは矛盾しない。またこれらは、現代社会の変化のなかで、子どもたちがどう変化しているのかという実証的探求とも両立する。そのようにして、近代社会とは異なった時代や場所の、近代的な子ども観に塗り込められていない子どもや子育てを見れば、近代の子ども観とは異なった「新たな」「よりよい」子ども像（さらには人間像や社会像）が見える、もしくは、子どもの現状を把握すれば、「新たな」「よりよい」子ども理解を模索できるといったかたちで、多くの異なった潮流が合流できてしまえたのではないだろうか。

　つまり、「既存の子ども観」が誤っているという直感において、規範的・本質論的視角と、実証的・構築論的視角が、同床異夢で相乗りできてしまうのである。学際的交流が盛り上がったのは、このような背景においてであり、「子ども文化」「子ども集団」「非近代の子ども」「社会文化的な子ども」などの対抗的に持ち出された諸視角は、既存の視角への対抗価値であるという点以外は、それぞれに別の対象をまなざそうとした別の視角を含んでいたのである。した

がって、それが結局は学問分野ごとに空中分解してそれぞれの範囲で洗練され
ていったのも、理解できる。だが、矛盾した視角を共存させたまま曖昧に議論
を続けたことが、その後の議論の精緻化を阻んだという点は指摘しておくべき
だろう。

3-2　子ども中心主義の隘路

　現代でも、子どもは家族と学校に長期間囲い込まれる状況は変わらない。だ
から、そのような子ども時代や子ども観に違和感を抱き、そこに大人中心主義
や社会への同化志向を見出すことは、日常レベルでも学術レベルでも繰り返さ
れている。そして、若者が、親が、教師が、「もっと子ども目線の教育を」「親
の押し付けではなく子どもを尊重した育児を」と考えたとき、80年代子ども
論とその延長線上に各分野に展開された議論は手にとりやすい。しかし、ある
程度以上真剣に目の前の子どもをめぐる問題に取り組もうとしたとき、80年
代子ども論の枠組みでは以下のような問題を抱えこんでしまう。
　その枠組みの核のひとつは、既存の大人や社会を抑圧的なものと見て、より
「子どものため」の視角をそれに対置するという、抑圧／尊重図式である。こ
こまで見てきたように、大人や社会の抑圧性を仮想敵にすることによって、多
くの矛盾する視角が合流している。しかし、「既存の視角が大人の思い込みだ」
と批判したところで、そこで提案される「新たな（より子どもを尊重した）視
角」がやはり大人の思い込みでないと、どうして言えるのだろうか。
　80年代子ども論を洗練させた諸視角も、前提を共有しない立場から見れば、
それも問い直したはずの仮想敵と大同小異のものに見えてしまう可能性は否定
できないだろう。たとえば、「コスモロジー」も「アニマシオン」も大人の願
望の押し付けにすぎない、「社会化」も「生成」「超社会化」も理想の社会を構
築する手段として子どもを位置づける点では大同小異だという批判は可能であ
る。実際、「既存の子ども観の問い直し」をうたった議論に対して、後続世代
がそれもまた大人（上の世代）の思い込みだと批判してレポートや論文を締め
くくることは多々ある。しかし、もちろん、その批判や代替案も、思い込みだ
と指摘できてしまう。この「抑圧／尊重」「大人の押し付け／より子どものた
め」「既存の（近代的）子ども観／新たな子ども観」という二項対立的な図式
に囚われることで、議論は出口がなくなるうえ、見えなくなっていることがあ

るのではないだろうか。

　そもそも、この「大人の押し付け／より子どものため」という議論自体がどこまで目新しかったのかをこそ、真剣に考える必要がある。アリエスが17, 18世紀までに広がっていく子どもに対する2つの感覚を「可愛がり」と「激昂」としたように、また、森田伸子が近代的子ども観を「子どもらしさの尊重」と「大人社会への同化の強制」（森田 1986）と特徴づけたように、子どもの尊重も大人への従属や既存の社会への同化の強制も、それこそ近代以降、常に両方目指されてきたものだったのではないだろうか。

　たとえば、ジョン・ロック『教育に関する考察』（Locke 1693=1967）は、子どもは白紙（タブラ・ラサ）として、その白紙に早くから体罰を含む教育によって道徳を書き込んでいくことを推奨するのに対して、近代的な子ども理解の幕開けと見なされることの多いルソー『エミール』（Rousseau 1762=2007）は、まさに「子どもは小さな大人ではない」と宣言し、子どもらしさ（チャイルドフッド）を保全することが重要だとする。また、20世紀転換期には、ジョン・デューイの児童中心主義教育論やシュタイナー教育など、それまでの教育のあり方を反省し、より子どもの興味関心の自然な発露を促す経験主義的なカリキュラムが提案された。日本でも童心主義と呼ばれる運動があったが、子どもを尊重したと思われるその子ども観に対する、大人の理想の投影にすぎないという批判は繰り返されている（たとえば、佐藤忠男（1959）が有名）。つまり、既存の子どもへの視角に（それがどのようなものであっても）「大人中心」「教育的」などの特徴を見出し、それに「子ども尊重」「子ども中心」を対比するのは、80年に始まったことというよりも、むしろ近代社会において繰り返されていると言えるのである。

　もちろん、それによって「子ども尊重」「子ども中心」の中身が洗練されている面もあるかもしれない。しかし、子ども尊重の主張も大人が唱えるものである。より子どものためで、より子どもの視点に立ち、より子どもの能力や主体性を認めることを主張しても、それが大人によって主張される限り、大人の思いの押し付けと批判される可能性は、論理的には常に開けている。究極的には、「子ども／大人」という非対称の関係性を前提とする以上、「子どもらしさ」を尊重するのも、「大人のように扱う」のも、パターナリズム（強者が弱者のためを思って本人の意志を問わずに干渉すること、父と子の間のような保護・支配の関係）なのである。

このような構図を無視して、「既存の子ども観」に対して「より子どものため」の視角を対置し続けても、出口はないのではないだろうか。それはつまり、80年代的な議論を批判して、その主張は本当に子どものためなのかと批判したり、では子どもの視点や子どもの主体性を真に尊重するためにはどうしたらいいのかと規範志向の問いに向かっていったりするのでは、同じことの繰り返しということでもある（これは非常にしばしば陥る罠である）。むしろ、「真の」子ども観や子どもへの視角に到達できるという発想こそ、議論を膠着させ、現実的な視角を見失わせてしまう [3]。

必要なのは、既存の子ども観が大人の思い込みや大人による子どもの抑圧だと発見し、より子どもを尊重した視角が必要だと主張するという、大人中心か子ども中心か、大人の押し付けか子どもの主体性か、既存の子ども観か新しい子ども観かなどの子ども／大人関係をめぐる二項対立的な問題設定自体を問い直し、このような出口のない隘路から抜け出る「子ども」への視角である。別のかたちで子どもと子どもをめぐる実践を記述・分析することが必要であり [4]、そのことが現実的かつ漸進的な実践のあり方を考えていくことにも寄与するだろう。

3-3　構築性の指摘の受け止め損ない

このような問題点を考えたとき、80年代子ども論のもうひとつの核、子ども観の相対性や構築性という論点が、学術的に突き詰めて考えられることがなかったことの問題に目を向けざるをえない。「子ども」が歴史的・社会的に構築されたものであるという主張を真剣に受け止めるならば、「子ども／大人」という区分の感覚自体の歴史性や相対性をどう考えるかという問題に行き当たる。しかし、多くの議論は、特定の子ども／大人関係のあり方（さらには教育や社会）を批判する目的に横滑りし、むしろ、「新たな」「よりよい」「真の」子ども／大人関係を見出すという本質主義的な方向に進んでいった。そのため、批判の対象たる子ども観に、より「子どものため」の「新たな」視点を対置させようとする二項対立的な議論につながりがちであった。それが、前項で見た、非対称な子ども／大人関係図式そのものがもたらす隘路を予防できなかったことにつながるだろう。

たとえば、文化人類学における異文化の子どもたちの姿や子育てのあり方を

描き出す作業が、「近代」なり「自文化」なりを相対化する拠点としてのみ強調される傾向がありはしなかったろうか。多様な社会の子ども像を重ね合わせれば、子どもの「原像」が見えるという想定は、「本来の」「よりよい」子ども像を探ろうとする規範的な願望と共振してしまった[5]。教育史や教育社会学においては、アリエスの『〈子供〉の誕生』のインパクト（しばしば規律訓練の近代性を指摘したミシェル・フーコー『監獄の誕生』(Foucault 1975=1977)のインパクトと合わせて、「アリエス・フーコーショック」などと呼ばれる）が、近代教育批判、国家主義批判へと向かい、やはりより子どものための教育といった問題意識と距離をとりきれなかった[6]。

　このように議論が横滑りしがちなのは、子ども／大人というテーマにつきものの難しさがあるだろう。と同時に、筆者は、日本の1980年代における子ども論が、社会科学におけるパラダイム（ある時代に支配的な考え方・認識の枠組み）の転換や近代的思考の問い直しと、うまく接続できなかったことも大いに関係しているのではないかと考えている。

　20世紀後半とは、世界的に近代の自己反省が始まる時代とも言える。冷戦秩序を背景としつつ戦後福祉国家体制が定着し、社会が豊かになるのに並行して、公害や軍備拡張などの問題点も可視化されていった。社会運動の領域では、1968年の若者の抵抗に始まり、フェミニズムや新しい社会運動などが展開していく。このようななか、各種学問でも、近代的思考に対する自己反省が行われた。社会科学の基礎的な学説史になるのでここでは詳述できないが、主体や社会にまつわる近代的思考を乗り越えるような現代思想がさまざまに現れ、「言語論的転回」と呼ばれる社会を見る視点の転換がその基礎となっていった。社会学では、構造機能主義を批判し、ミクロな社会関係や言説による社会の構築性に注目するような解釈的アプローチやポスト構造主義的アプローチが探られた。文化人類学でも同様に、構造主義から解釈人類学や象徴人類学への転換がもたらされた。

　こういった子ども研究外部での知の流れを踏まえれば、たとえば、大人への道筋を教育・社会化とは異なるものに見出そうとする背後にある、子どもこそが将来理想的な主体となり理想の社会を築くものだという前提自体がもっと問い直されてしかるべきだっただろう。社会学で言えば、現象学的社会学も相互作用論も、社会の捉え方自体を転換するようなものではなかっただろうか。また、たとえば、「女性」という社会的カテゴリーをめぐっては、生物学的実体

か社会文化的構築かといった議論を経て、生物／文化、物質／言説、男らしさ／女らしさ、男性支配／女性解放などの二分法的な思考を超克する視角が議論されているが、「子ども」というテーマでは、そのような議論は行われなかった。このようにして、理論枠組みや方法論の議論を深めることなく、ある世代的・時代的な条件のなかで、仮想敵としての時代批判という目的（＝結論）を共有してしまったという点に、80年代子ども論の限界があるように思われるのである。

4 1990年代以降の欧州の子ども社会学の展開

4-1 「新しい子ども社会研究」

この点を踏まえて、ではどのような視角がありえるかを考えるために、ヨーロッパの子ども研究の動向を、本書全体の補助線として参照しておきたい。ヨーロッパでは、社会科学のパラダイム転換とより連動したかたちで、1970、80年代ごろから既存の子どもへの視角の問い直しが行われた。そして、日本よりやや遅れて1990年代後半に、子どもに関する社会科学的アプローチの問い直しの諸潮流を「新しいパラダイム」と捉えていこうという動きが起きる。

結論から言えば、その動きは、日本の80年代子ども論が陥った隘路と似たような問題を抱えることになる。しかし、そこにとどまらず、その内部から、近代的思考を問い直す知の潮流を踏まえた理論的考察をともなう乗り越えの試みが起きている。この「新しい子ども社会研究」、またはより焦点を絞って「新しい子ども社会学」と呼ばれる1990年代の欧州の動きとそのさらなる乗り越えの試みを紹介し考察することで、私たちが新たな視角を模索する際に考えるべき点について示唆を得たい。

「新しい子ども社会研究（社会学）」として、同時多発的な諸潮流に名をつけ、新たなパラダイムを主張していく動きを起こしたのは、アリソン・ジェームズとアラン・プラウト編『子どもの構築・再構築』（James & Prout 1990 [2015]）の、特に1997年発行の第2版である。そこでまとめられている諸潮流とは、解釈的社会学、構造主義、構築主義、若者研究やフェミニズムである（pp.12-18）。

第一に、社会学において、社会的相互作用に焦点を当てるシンボリック相互

作用論や、意味の解釈の水準に焦点を当てる現象学的社会学などの解釈的アプローチが、受動的に価値を内面化し社会秩序の維持に寄与する子どもという構造機能主義的な見方を批判し、子どもも能動的な社会的行為者であり、今ここの子ども／大人関係の秩序をつくり上げているという視角を主張した。第二に、人類学に由来する、西洋近代哲学の枠組みを問い直し、「未開」と見られていた集団の思考・秩序を明らかにしようとする構造主義が、「子ども」も社会構造を構成する普遍的カテゴリーのひとつであり、その世界観は言語表現・非言語表現を含めて尊重され探求されるべきという視点をもたらした。第三に、古くはマーガレット・ミードやルース・ベネディクトらの文化人類学の文化とパーソナリティ研究、より近い時期では、アリエスに代表される社会史や社会構築主義が、「子ども」という社会的カテゴリーが歴史的・社会的に構築されたものだという主張を行った。第四に、1968年に象徴される社会運動の時代のなかで、若者研究（若者のサブカルチャー研究）や、フェミニズムやマイノリティ研究などが、大人に虐げられた子どもの声を拾い上げ、その対抗性を礼賛する議論へと援用された。

　これらは、「発達」や「社会化」といった定番化した枠組みにつきまとう、既存の社会秩序や大人のあり方をよしとし、子どもはそのような大人に至る途上であり、そのような秩序に同化していくべきとするニュアンスを、明に暗に問い直すものとなっている[7]。もちろん、それぞれの潮流の間には後に再検討されるような差異や矛盾もあり、必ずしも子ども研究と自認するものばかりではないが、それらをあえて、「子ども研究の新しいパラダイム」としてまとめることで、さらなる研究を促すこととなった。

　なお、この流れは、構造機能主義から解釈的アプローチへの転換を特徴とする「新しい教育社会学」の潮流も意識しており、方法論的にはエスノグラフィーや言説研究が推奨された。この「新しい子ども社会研究」という主張は、イギリス、ドイツ、北欧などの研究者を拠点としてヨーロッパで広がり、現在では、南米やインドでも広く読まれ、参照されている。

4-2　新しい子ども社会研究の問い直し

　繰り返し示唆してきたように、ヨーロッパの展開でさらに興味深いのは、この新しい子ども社会研究が、その後、まさにその提案者で主要論者と見られ

たプラウトらによって再検討されているということである（Lee 2001; Prout 2005＝2017, 2011＝2014）。

　多様な源流をもつ新しい子ども社会研究は、結局のところ、ある種同床異夢とも言えるような、異なった理論的前提をもつ研究の寄せ集めであり、そこには矛盾もあった。特に深刻な問題は、「子ども」というカテゴリー、言い換えれば、「子ども／大人」の区分をどう捉えるかの矛盾であった。

　『子どもの構築・再構築』で提起された多様な論点のうち、新しい子ども社会研究の主張のなかで広く受け入れられたのは、従来の子ども観が子どもを現在の社会の外部に受動的存在として描いてきたと反省し、「子どもも能動的な社会的行為者である」、「子どもも社会構造上の一カテゴリーである」（＝社会の構成員・参画者である）とみなす点である。1989年に国連子どもの権利条約が締結される時代背景もあり、大人の抑圧に対する子どもの能動性や社会参画といった論点が強調された。しかし、諸潮流のうち、子ども観や子ども期のあり方が歴史的・文化的に構築されたと見なして、「子ども」というカテゴリーの歴史性・構築性を明らかにしていく視角は、このように子どもを普遍的・本質的に能動的で社会の参画者だとする志向性と厳密な意味では相容れない[8]。

　この新しい子ども社会研究における同床異夢の構図には、まさに前節で検討した日本の80年代子ども論と重なるところがある。異なった前提をもつ諸潮流が、子どもを受動的で社会秩序に同化するものと見なす子ども観に対する違和感という点でまとめられ、「新しい」子どもへの視角だとして受け入れられ、学際的共同研究の機運が高まったのである。

　しかし、プラウトはそこからさらに進み、構築主義的アプローチを洗練させ（ポスト構造主義的アプローチとまとめられることがある）、現代思想から生物学に至る多様な知の潮流を参照しながら、子どもの能動性・普遍性の主張と、子どもの構築性・相対性の主張の双方を問い直していくことになる。

　まず、構築性・相対性の指摘のもつ隘路が問い直されていく。プラウトが注目したのは、生物学的・物質的な身体と文化的・社会的な構築の間の関係である。子どもというカテゴリーが歴史的・社会的につくられたものだという主張は、究極的には、生物学的な身体の差異をどう捉えるか、脆弱でひとりでは生きられない赤ん坊の実在まで否定するのかという反発を呼びやすい。フェミニズムにおいては、女らしさ／男らしさという差異が社会的に構築されたものだという主張が、生殖をめぐる生物学的身体の差異を無視するのかという批判を

呼び起こし、構築性とは何かをめぐる理論の洗練がなされていったが、これと同様に、「発達」と形容されるような変化をたどる生物学的身体と社会・文化の影響の関係をどうするのか（氏か育ちか、自然か文化か）、観念や言説が構築されたということと目の前の実在・実体としての子どもの関係をどう見るのか（言説か実体・物質か）といった問題が問い直されていく（Prout ed. 2000）。たどり着くのは、結局、身体なるものを、それらの二分法のどちらかではなく、両者の絡み合った「ハイブリッド（混合・異種混淆）」として捉えるという視角である。

　こうして身体の問題を軸に構築性の指摘が孕む問題に解を与えたうえで、プラウトは、子どもが能動的な社会的行為者であり、社会構造を構成するカテゴリーだと見なす、能動性・普遍性の主張をより根本的に批判する。その要点は、以下の象徴的な言い方に集約されている。

　　　社会学が、移動性や流動性や複雑性といったメタファーを探しているときに、子ども社会学は、構造としての「子ども」という大建造物を打ち立てようとしていた。子ども社会学は、まさにモダニティで進行している変化に適合した社会理論が構成されようとしているときに、モダニティの入り口に到達したのである。そして、近代主義的社会理論それ自体が、その概念範囲を超え出たり、それを無にしたりする社会変化によって破壊されつつあるときに、近代主義的社会理論に追いつくべく駆けこまねばならなかったのである。（Prout 2005=2017 p.99）

　能動性・普遍性の主張は、「子ども／大人」を普遍的で本質的なカテゴリーと見つつ、子どもも大人同様の社会的行為者だとする。これは、以前は子どもは受動的な存在とされ、社会の構成員ではないと思われていた、主体と見なされず、抑圧されていたという前提に基づいたもので、だからこそ、子どもも大人同様に能動的な存在で、立派な社会の構成員だという主張になる。しかし、20世紀後半において、近代的主体という「大人」の像や、国民国家を前提とした「社会」の像がさまざまに問い直されていた。それは、それ自体が問題であるのみならず、流動性・複雑性を増す現代社会（しばしば「後期近代」と呼ばれる）を捉えきれないという認識を背景としている。このような認識に立ったとき、子どもも「主体」であり「社会」の一員だといった類の主張は、近代

的な「主体性」や「能動性」「権利」を子どもにも当てはめようとしているだ
けで、早い話が流動性や複雑性を問う後期近代の社会理論から周回遅れとなっ
てしまっているのである。

　つまり、能動性・普遍性という新しい子ども社会研究の大勢を占めた主張は、
大人に従属する子どもという既存の（と見なされた）子ども観を転倒させる限
りにおいて意味があったかもしれないが、複雑化する現代の状況を捉えるには
不十分であるのみならず、子どもと大人（近代的主体）を非対称のものと見て
きた図式の根本にある、その区分の相対性・構築性を視野に入れられない。そ
のことによって、むしろ、既存の大人（主体）像や社会（システム）像を延命
してしまい、ある特定の子ども像を新しいものと見なして普遍化・本質化して
しまうのである。

4-3　子ども研究の「ニューウェーブ」

　これに対して、プラウトらが提示する代案は、子ども研究につきものの二
分法を乗り越えた、異種混淆（ヘテロジニアス）の子ども理論である（プラウ
ト 2005=2017）。「子ども／大人」の区分を普遍的で本質的なものと前提してし
まう拠点となる、生物（自然）／社会（文化）、物質（実体）／言説（構築）を
問い直したのみならず、そこに重ね合わされるビーイング（今を生きる・存在）
／ビカミング（未来に備える・生成）、さらには、その区分と支えあう構造／
エイジェンシー（行為者能力）、個人／社会などの、さまざまな二項対立的思
考を停止していく。そのうえで、子どもとそれにまつわる事象を、さまざまな
要素の絡み合い・混合（ここでも「ハイブリッド」という用語が使われる）と
して見ていくことが提案される。生物学的に変化する身体、文化・社会的要素、
技術変化、グローバルに連鎖する諸事象から身近な人とモノに至る相互作用、
子どもをめぐる規範や意識と制度や技術、歴史と現在と未来といった雑多な要
素がどのように結びついて、どのような具体的な子ども期や子ども観、子ども
／大人関係を編み出しているかを見ていくことが必要とされる。

　英語ではしばしばchildhoodsという複数形が用いられるように、さまざま
な水準の多様な子ども期、子ども観、子ども／大人関係が、互いに衝突したり
並存したりすれ違ったりしている構図を指し示していくことが示唆されている。
理論的資源として用いられるのは、ラトゥールのアクターネットワーク理論や

ドゥルーズの哲学、ハラウェイのサイボーグフェミニズムといった、二元論的な枠組みを越境しようとする、一元論的で関係論的な枠組みである。

　このような新しい子ども社会学の反省とその乗り越えの試みは、子ども研究の「ニューウェーブ」（Ryan 2011）と命名されている。現時点では、このニューウェーブの視角に則った実証研究も増えると同時に、ニューウェーブの検証や精緻化も始まっている。

　このような潮流に無批判に棹差すべきだと述べたいわけではない。具体的な事例に適用するには、その議論には、批判・精緻化されるべき点もあるだろう（本書の各章も、より中範囲の理論や方法論をそれぞれに提案している）。しかし、日本の80年代子ども論が、一時的な学際的交流の試みの先に進みあぐねているのに対し、欧州の動きは、ほぼ同じ隘路に行き当たりつつも、さらにそれに対する理論的反省がなされ、新たな展開を見せつつある点は重要である。つまり、既存の子ども研究への対抗として現れてきたはずの20世紀末の子ども論の枠組み自体がもつ理論上の問題点を明確に指摘し、それを乗り越える視座を提案している。この展開を参照することで、私たちも、議論を先に進めることができるのではないだろうか。

5　これからの「子ども」への視角

5-1　モダニティと「子ども」への視角

　ここまで見てきたように、20世紀末、日本でも欧州でも、子どもへの視角の問い直しの動きが起きた。日本の80年代子ども論の行き詰まりを検討し、その先に進んだ欧州の子ども社会学の展開を見て言えることは、「子ども」を見る視角は、それにつきものの二分法的・二項対立的な図式を問い直しながら進むものでなければならないという点である。特に、既存の子ども観を既存の大人社会がつくり上げた抑圧的とのみ見て子どもの能動性・主体性に（大人が）夢を見る姿勢は、それも大人の思い込みにすぎないとされかねないという隘路に向かいがちである。この隘路から距離をとるには、子どもは社会的・歴史的につくられたものだという構築性の主張を、二項対立的に現状批判に結びつけるのでもなく、どの子ども観も所詮つくられたものだと冷笑して思考停止

するのでもなく、子ども／大人関係を含むさまざまな関係性を記述していく方向へとつなげていく必要があるだろう。最後に、そのために考慮すべき諸点をあげておきたい。

プラウト自身は、生物／文化、物質／言説や子ども／大人、未来／現在などの二分法的思考が不十分な理由を、「後期近代」を捉えきれないという観点から描いている（Prout 2005=2017）。20世紀末以降の現代を指すのに、1990年代以降、「後期近代」「再帰的近代」「リキッドモダニティ」などの、近代（モダニティ）の延長線上に生じた流動化し複雑化した状況を示す名称が用いられてきた。「グローバル化」「消費社会化」「情報化」「新自由主義社会」などというかたちで、20世紀末以降の社会がそれ以前とは変容してきたという感覚を説明しようとする語彙もあふれている。少し勉強した者なら、「子ども」と「大人」の境はモノと情報があふれる社会で流動化・複雑化し、「社会」の像も国民国家という単位が自明でなくなっており、既存の社会や大人の抑圧に対する子どもの能動性・主体性という図式では、複雑な現実に接近できないという主張は理解できるだろう。

低成長、グローバル競争の時代の趨勢として、脱福祉国家化、新自由主義化が進むなかで、国内外で格差が進行している。ポスト冷戦期の国際秩序において国家を超えた人の移動が進み、それがまたグローバルな経済状況に組み込まれていく。「子ども」の処遇に関する近代的な諸制度に取り囲まれた国々も、それらが実現されていないいわゆる開発途上国も、ローカルな現実とグローバルな趨勢のなかで緊密に結びついている。また、情報技術のみならず、生殖技術や医学・薬学の進化で、子どもと大人の生物学的な差異すらも複雑化している。さらに、価値も多様化し、卒業・就職や結婚・出産を軸とするライフコースが自明ではなくなり、「大人」のゴールがはっきりしなくなっている[9]。こういったなかで、実態としても規範としても、子ども期・子ども観の多様化が進み、大人社会や社会秩序も複雑化している。抑圧／尊重、押し付け／主体性、大人中心／子ども中心といった、繰り返されてきた二分法を、現実の方がはるかに超えているのである。

このような状況において、新旧さまざまな子どもたちをとりまく思惑を大人の押し付けだと一方的に批判し、こぼれ落ちる子どもたちを、安易に（ときにノスタルジーの対象として）称揚し放置することも選択しづらいということに注意が必要である。今や、時代の対抗言説の主流は、「大人中心主義批判」や

「脱学校」ではない。厚生経済学者アマルティア・センの主張する「ケイパビリティ・アプローチ」（個人の善き生を実現するために潜在能力の束を向上させるという主張）などが称揚されており、諸事象が緊密に結びついた後期近代において、近代的な子ども時代の安全・衛生、健康、十全なる養育、そして教育の保障こそが、ライフコースが多様化し、グローバルに連鎖する諸事象によって不確実性が増す未来を生き抜くための鍵でありセーフティネットと見なされている。国際機関やグローバルNGOが、各国政府やNPOが、多様な子どもたちがなるべく理想・規範としての近代的子ども期からこぼれ落ちないように網の目を張り巡らせ、国民国家やグローバル社会におけるキャリアのはしごを用意しようとしている。「リスク社会」などと言われる時代において、管理・監視は、批判の対象である以上に、必要悪だと見る向きもある。「近代」を、大人による抑圧的な体制や同化を強制する既存の秩序と批判し、その乗り超えを主張したりそれ以前に理想を見たりできる段階はとっくに終わっている。

　同様に、特に日本の文脈では、子どもの能動性や主体性といった80年代子ども論が対抗的なものとして唱えた視角が、今や子どもをとりまく諸制度のなかに積極的に組み込まれていることも、視野に入れねばならないだろう。近代の新段階にふさわしい人材モデルとして、多様性や個性をもった人材が積極的に要請されるようになり、そのような人材を育成する子育てや教育のあり方が模索されている。学校はさまざまな現実的な問題を孕みながらも、個性やゆとりが強調された時代を経て、単純な抑圧装置ではなくなっている。少子高齢化もあって、子どもと子育てをとりまく環境は変わり、子どもの参画や自由を掲げた施策や市民活動がたくさん出てきている。そこにさらに新自由主義的な民間委託の機運や商業的な思惑が絡んだり、揺り戻しとして学力が再強調されたりして、手放しで子ども中心主義が実現したと寿ぐこともできない現状がある。これらの抑圧／尊重の二項対立図式では描ききれない現状を描いていく作業こそ、子どもへの視角として要請されている。

　ただし、こうして現代の複雑性ばかり強調してしまうと、80年代子ども論はその時代にはうまく現象を記述できていたが、今や時代遅れとなってしまったという話であるかのようになってしまう[10]。そうではなく、80年代子ども論が批判したような「既存」「近代」の子ども観を、乗り越えられるべき大人中心で抑圧的なものとのみ見なしていいのかという点も、視野に入れておく必要がある。ここまで見てきたように、日本の80年代子ども論も、欧州の新し

い子ども社会研究も、そのような仮想敵に対して、新たなより「子どものため」の視角を提案しようとしてきた。しかし、先に論じたように、その視角自体が近代社会で繰り返されてきた、むしろ近代的なものとすら言える。複雑性を増したかに見える現代をどう記述するかという観点をより精緻に考えるためにも、そもそも乗り越えの対象とのみ見なされていた近代の子ども観・子ども期が、より複雑なものであったことを見据えていく必要がある。改めて、二分法に囚われず、モダニティ（近現代）と子どもを見直すことも必要であろう。

5-2　子どもの複数性・重層性を見る関係論的視座

　以上のように、これからの子どもへの視角は、「子ども／大人」をめぐる現在／未来、依存／自立（自律）、抑圧／尊重、近代／ポスト近代といった二項対立的思考の隘路に陥らないものでなければならない。それはもちろん、生物学的な要素を全否定して「子ども／大人」の区分は幻想だと居直るという意味でもない。逆に、近現代の社会に根付いている「子ども／大人」の区分を前提とした制度や規範、言説を無視するというのでもない。むしろ、そのような区分が根強くあり、にもかかわらず／だからこそ、その乗り越えを繰り返し模索してしまうということそのものの効果を考察していくことが肝要である。

　プラウトはアクターネットワーク理論などを参照したが、目の前のミクロな事象からグローバルに連鎖するマクロな事象まで、歴史的な過去から未来までを多様な水準で視野に入れながら、「子ども／大人」を前提としたり攪乱したりするようなさまざまな要素 ── 生物学的な要素、技術、社会文化的な解釈・言説や制度等 ── がどうつながって、具体的な子ども観や子ども期や子ども／大人関係を生み出しているのかを見ていく必要があるだろう。また、さまざまな強度の多様なそれら（複数形のchildhoods）がどう並存したり衝突したりすれ違ったりしているのか、検討していくことも重要である。

　つまり、子どもをめぐる人・モノ・言葉等を、固定的にではなく関係性や文脈のなかで見ていく、関係論的な視座が重要になっていくだろう。言説と実体、理想と現実、過去と未来が重層的に絡み合うものとして、「子ども（childhoods）」を見ていく視座が要請されている。たとえば、本書の執筆者たちは、これまでそれぞれに、ケア倫理、関係的権利論といった社会哲学的な枠組みや、相互浸透（ルーマン）、フィギュレーション（エリアス）、アクターネッ

トワーク（ラトゥール）、ループ効果（ハッキング）、保護複合体と逃走の線（ドンズロ）といった社会学的・人類学的概念が、理論的資源として利用可能ではないかと検討してきた。具体的な知の巨人の肩を借りるかどうかはともかくとして、複数性・重層性を取り込める枠組みが必要であろう。

　さらに、「子どものため」や「子ども中心」という視角に代表される二分法的思考自体を時代的・地域的文脈のなかに位置づけ、その主張がもたらす効果（功罪）を適切に論じるという作業を行っていくことも必要だろう。「子ども」と「大人」という階層性をともなう非対称な二分法を前提としている以上、いくら「子どものため」を考えた視角も、それも大人の「押し付け」にすぎないという批判の隘路からは抜け出られない。それを批判して新たな「子どものため」の枠組みを天下り的に提唱するのではなく、「子どものため」にも大人の「押し付け」にも見える既存の視角や実践がどのように成り立っていて、そこにおける子どもや大人に何をもたらすのかを検証していく作業を積み重ねていくことが、現実的な次の一手を考える際に重要となっていくのではないだろうか。

　なお、本書では十分に展開できないが、その際には、「子ども／大人」をめぐる二項対立の隘路を繰り返してしまう根底にある、子どもの構築性、「子ども」というカテゴリーの自明でなさをどう見ていくかも考えていかねばならない。子どもをめぐる物質／言説や、生物（自然）／社会（文化）といった論点や、それが引きつける、構造／エイジェンシー（主体）、個人／社会といった二分法についても問い直していく必要があるだろう。少なくとも、80年代子ども論が等閑視しがちであった、社会科学の理論的・方法論的な論点と往還しながら、子どもを見る視角を考えていく必要がある。

　いずれにせよ、個々の研究者は、自分が対象とする時代と場所の子どもたちや子ども観の文脈を地道に把握し、関係性のなかで分析していくしかない。それは、わかりやすい二項対立的な問い直しで思考停止せず、多様な（複数形の）子どもをめぐる歴史と現在、ミクロ・マクロ双方の社会の現実を描く作業を意味している。このような作業こそが、実践に地図を与え、「子ども」のみならず、「大人」や「社会」を問い直していくことにつながっているだろう。

6 本書の構成

　本書の各章は、それぞれの執筆者の視点で書かれてはいるが、以上のような議論を共有している。つまり、第一に、「子ども／大人」にまつわる既存の二分法的思考を相対化すること、言い換えれば、「子どものため」「子ども中心」「子どもの権利」等の礼賛に終わらず、構築性を指摘しただけで思考停止しないこと。第二に、言説と実体、制度と思想、人とモノなどの関係として現れる「子ども」をめぐる事象を、時代的・地域的な文脈のなかで具体的に描き出すこと。第三に、その際の視角、多様な要素の絡み合った複雑な関係性を記述するヒントを示唆すること——[11]。したがって、タイトルを見て、興味があるところから読んでいただいてかまわない。ただ、その記述の力点や、問おうとしている対象の構図から、本書は以下の3つのパートに分かれている。

　Part 1「現代の子ども研究で問われている視角」は、本章で概説的に述べたような、日本の80年代子ども論の行き詰まりとその乗り越えの必要性という点について、児童文化研究、文化人類学、構築主義の領域において考えるものである。本章で概観したことが、さらに具体的な事例において検討され、80年代子ども論とは異なる新たな視角が必要であることが、具体的な理論的資源や着眼点などとともに示される。

　第1章「子どもの主体性礼賛を超えて——「学校の怪談」をめぐる教師と子ども」（吉岡一志）では、児童文化研究において現れた、大人から解放された子どもたちの自生的な文化という視角を問い直している。学校の怪談を事例に、子どもたちの文化に見えるものが、実際には、大人との、ときに逆転すらする関係によって成り立っていることを指摘し、フィギュレーション概念をヒントに、関係論的な分析視座の意義を提案していく。

　第2章「グローバル時代における「異文化の子ども」研究——バングラデシュの教育熱のグローカル性」（南出和余）では、80年代の「子どもの人類学」の試みについて、自文化を相対化する目的で異文化を参照する傾向があったことを指摘する。そして、そのような自文化／異文化という二分法では捉えきれない、グローバルな価値がローカルな生活に影響する時代として現代を描き出し、バングラデシュの教育第二世代の長期参与観察の事例を通して、異文化の

子どもの世界を再帰的に理解していく可能性について論じている。

第3章「子ども研究における「構築」とは何か —— 児童虐待問題の歴史」（高橋靖幸）では、社会史と社会構築主義に端を発する「子ども」が社会的な構築物であるという指摘が、ある子ども観が構築であると指摘することで、その批判の立脚点となっている別の何らかの子ども観を強化することになってしまったと指摘する。そして、このような政治と倫理の問題を視野に入れて構築主義を真摯に応用する必要性を、戦前期と20世紀末の「児童虐待」の事例から考察している。

Part 2「新たな視角を必要とする現実」は、特に2000年代以降の、複雑化する子ども問題に焦点を当てている。限られた事例からではあるが、それぞれに80年代的な視角（言い換えれば、二項対立的視座）では捉えきれない現実があることを、現代という時代の特徴とともに、具体的に見せてくれる。

第4章「地域に子どもがいることの意味 —— 子どもを見守る防犯パトロール」（大嶋尚史）では、新自由主義下で要請されるようになった、地域ボランティアによる安全パトロールの事例を取り上げている。地域が子どものための専用空間ではないからこそ、何かあったら子どもを守りきれないとわかっていながらも、地域への意味を見出されながら続けられる活動の事例は、本当に「子どものため」になっているのか、権力に利用されていないかといった、旧来型の批判を超え出る現実を見せてくれる。

第5章「施設の子どもの教育問題 —— 子ども間教育格差」（坪井瞳）は、就学前教育から後期中等教育までが準義務化した現代における、児童養護施設で育つ子どもたちの教育格差の詳細を描き出す。福祉的措置は最小限にして義務教育から就労へと促す制度と福祉観・自立観ゆえに、現代においてなお、幾重にも不利な状況におかれている子どもたちがいる。その入り組んだ排除の構図から、教育や大人の押し付けを批判したり、「子ども」が社会的に構築されたものだと指摘したりするだけでは考えられない問題の所在が示される。

第6章「依存か自立かの二項対立を超えて —— 児童自立支援施設における「18歳問題」」（藤間公太）は、児童自立支援施設退所後の自立をめぐる問題に焦点を当てている。児童福祉法の年限を超え、孤立したなかで自立を迫られがちな子どもたちが直面する困難から、人が成長し社会に参入する際に、「大人＝自立／子ども＝依存」という二分法を杓子定規に適用することの問題を提示し、この隘路を抜けるために、ケア倫理という理論的資源が示唆される。

Part 3「子どもをめぐる歴史の重層」は、「子ども」を捉えるにあたり、複雑なのは現代だけではないという点に焦点を当てたものである。近代も、子どもの現実や子ども観は多様であり、現代においてはさらに、歴史的な経緯も含めて多様な制度や規範の影響が複雑に絡み合う。その複雑さの一例を、特殊とも見えるそれぞれの事例から考える。

　第7章「関係的権利論から見る基礎教育 —— 植民地近代の遺産とグローバル時代が交錯するインド」（針塚瑞樹）は、インドの教育を扱う。植民地期に、「自立・自律した主体」を目指す西洋近代型とは異なる教育の伝統を打ち立ててきたインドでは、戦後、NGOによるノンフォーマル教育が定着した。ところが2000年代以降、グローバルな潮流として公教育の浸透が図られている。そこで起こる葛藤や分断から、依存／自立・自律＝教育／就労モデルに基づいた権利論とは異なった、関係的権利論などの視角が必要であることを論じていく。

　第8章「「戦争孤児」のライフストーリー —— カテゴリーとスティグマのループ」（土屋敦）は、元戦災孤児の語りを取り上げる。戦争の被害者でありながら、規範化された子ども期からこぼれ落ちたがゆえに負のレッテルを貼られた子ども時代を送った人たちが、語れない時期を経て、近年経験を語り始めている。標準的子ども期の規範をめぐる葛藤の、時代をまたがって重層した歴史を、ループ効果概念を援用して描き出すと同時に、ライフストーリーというこれまで子ども研究で等閑視されてきた視座の可能性も見せてくれる。

　第9章「生殖補助医療と「出自を知る権利」 —— 技術・制度・規範のハイブリッド」（野辺陽子）は、第三者の関わる生殖補助医療によって生まれた子どもの「出自を知る権利」という思想の来歴を明らかにしている。生殖補助医療によって子どもを望む思いも、生まれた子どもに出自を知る権利があるという思想も、医療技術のみならず、戸籍などの制度と家族と子どもをめぐる新旧さまざまな規範の複雑なハイブリッドである。近代的子ども観・家族観から子どもの権利へという図式ではおよそ捉えきれない、その複雑すぎる現状を示していく。

　これらの9章はもちろん、事例としては無数にある「子ども（childhoods）」に関する研究のごく一部にすぎない。しかし、これらを通して、ある程度、従来の視角を問い直し、新たな子どもへの視角を展望するための見取り図を示すことができているのではないかと考えている。各章が、読者の次なる研究や実践への見取り図となればうれしい。

注

[1] このような子ども観の多角的な歴史について日本語で学べる書物としては、本田和子（2000）やヒュー・カニンガム（Cunningham 2005=2013）が挙げられる。

[2] 社会学分野におけるこの「子どもの変容」をめぐるモラルパニックとも呼ぶべきムードについては、山村賢明・北澤毅（1992）の整理が参考になる。

[3]「子どもを尊重する」という姿勢を、実践に関わる大人が自らを振り返る指標として立てておくことに意味があることは否定しない。しかし、それが不断の反省に結びつかず、絶対的な目標になった瞬間、「それも押し付けだ」という不毛な議論に陥ってしまう。

[4] こういった隘路から抜け出る道として、小玉亮子（1996）は、「子ども」は「サバルタン」（社会の権力構造で劣位におかれ、自らの主張を聞き遂げてもらえない社会集団）であるという視角を検討している。このような主張は受け入れられやすいが、筆者は、「女性」や「エスニックマイノリティ」のように社会構造のなかで語る力を与えられていない集団の問題と、「子ども」の問題は異なっていると考えている。「子ども」はむしろ、ここまで見てきたように、語る力を「大人」から繰り返し与えられようとされている。と同時に、発言と言っても、子どもが子ども論や当事者論を書く・話すことはまれである。「子ども」とは、「大人」がその「声」を繰り返し聞き取ろうとしながら、論理的・原理的に、そこで聞き取ったつもりの「声」は、常に「大人の勝手な思い込み」であり続けるというサバルタン問題とは別の困難を孕むテーマなのである。

[5] 欧米の子ども史では、アリエスの先に、中世と近代で子どもに関する感覚に断絶があるのかないのかという議論が巻き起こっていく。しかし、現時点では、一枚岩的に見るのではなく、複数の子ども観や複数の視点が制度領域ごとに階層や地域の差も含んで並存しているという、子ども観の複数性を強調する視点（Hendrick（1997）など）が受け入れられている（この点については、北本正章（2009）・岩下誠（2009）などが参考になる）。ただ、このような専門的な議論は、空中分解した後の別分野の子ども研究では参照されづらく、また、現代の子どもをどう見るかという論点とは直接的に結びついて考えられてこなかった。

[6] 歴史的な議論の問題のほかに、いわゆる社会構築主義的な議論についても、北澤毅（2017）が、厳密な意味で社会構築主義的なもの（言説分析）にならず、既存の議論の批判のためのもの（言説批判分析）へと横滑りしていったと批判している。

[7] 社会化論をきちんと読めば、既存の社会秩序を身につけていく過程で個人の側に葛藤がある可能性や、秩序が更新されていく可能性も、議論のなかには組み込まれている。しかし、研究者もこの点を誤解し、葛藤可能性や子ども（社会化される側）の視点をあたかも新しいものであるかのように提案することを繰り返し、その際には、言語論的転回以降の社会理論がもっていた社会の像自体の更新の契機は見過ごされてきた。この問題に関しては、石飛和彦（1993）や元森絵里子（2009）を参照のこと。

[8] この点は、プラウトが、かなり早い段階に「構造主義」と「構築主義」の差異として図式化している（James et al. 1998 p.206）。なお、『子どもの構築・再構築』では、構築という立場が論理的・倫理的に考えなければならない諸点を示している。

[9] ニューウェーブのひとり、ニック・リーは、子どもも「ビーイング」だという新しい子ども社会研究でしばしばなされる主張を批判し、発達のゴールとしての「近代的主体」概念が問い直されているなか、大人も子どもも「ヒューマン・ビカミング」だと考える道もあると主張している（Lee 2001）。

[10] 筆者は、プラウトの議論の限界は、結局現代の複雑性にばかり注目し、人びとが繰り返し素

28

朴な二項対立で問い直そうとしてしまうような、子どもをめぐる近代（モダニティ）の強固さを理論化しきれていない点にあると見ている。

[11] なお、ここまで述べてきたことの帰結として、「子どもとは（何歳から）何歳までなのか」というよくある問いに対して、本書を通して事前に（本質主義的に）定義することはしない。現代日本語の日常語で文脈抜きで「子ども」と言ったとき、（「親」に対する「子ども」を除けば）「赤ちゃん」「乳児」でも「10代」「中高生」「成年」「若者」でもない小学生程度を想像することが多いにもかかわらず、「子ども」はしばしば「大人」と対になって、境目はいつかと考えてしまうという、不思議な言葉である。この語の二項対立的な議論に引きつけられやすい不思議な性質こそ、考えられる必要があるように思う。

参考文献

Ariès, P. (1960) *L'enfant et la vie familiale sous l'Ancien Régime*. Plon.（アリエス／杉山光信・杉山恵美子（訳）(1980)『〈子供〉の誕生：アンシァン・レジーム期の子供と家族生活』みすず書房）

Cunningham, H. (2005) *Children and Childhood in Western Society Since 1500* (2nd ed.). Pearson Longman.（カニンガム／北本正章（訳）(2013)『概説 子ども観の社会史：ヨーロッパとアメリカからみた教育・福祉・国家』新曜社）

Foucault, M. (1975) *Suveiller et punir: Naissance de la prison*. Gallimard.（フーコー／田村俶（訳）(1977)『監獄の誕生：監視と処罰』新潮社）

藤本浩之輔 (1985)「子ども文化論序説：遊びの文化論的研究」『京都大学教育学部紀要』31: 1-31.

藤本浩之輔（編）(1996)『子どものコスモロジー：教育人類学と子ども文化』人文書院

古田足日 (1959)「さよなら未明」『現代児童文学論』(pp.7-37) くろしお出版

古田足日 (1982 [1997])『子どもと文化』久山社

原ひろ子 (1979)『子どもの文化人類学』晶文社

Hendrick, H. (1997) *Children, Childhood and English Society, 1880-1990*. Cambridge University Press.

本田和子 (1982 [1992])『異文化としての子ども』ちくま学芸文庫

本田和子 (2000)『子ども100年のエポック：「児童の世紀」から「子どもの権利条約」』フレーベル館

Illich, I. (1971) *Deschooling Society*. Penguin.（イリッチ／東洋・小澤周三（訳）(1977)『脱学校の社会』東京創元社）

井上俊 (1977)『遊びの社会学』世界思想社

石飛和彦 (1993)「「社会化論」的問題設定について」『京都大学教育学部紀要』39: 382-392.

岩下誠 (2009)「現代の子ども期と福祉国家：子ども史に関する近年の新たな展開とその教育学的意義」『青山学院大学教育学会紀要「教育研究」』53: 43-55.

岩田慶治（編）(1985)『子ども文化の原像：文化人類学的視点から』日本放送出版協会

岩田慶治（編）(1987)『世界の子ども文化』創元社

James, A., C. Jenks & A. Prout (1998) *Theorizing Childhood*. Polity.

James, A. & A. Prout (eds.) (1990 [2015]) *Constructing and Reconstructing Childhood: Contemporary issues in the sociological study of childhood* (Classic ed.). Routledge.

門脇厚司 (1999)『子どもの社会力』岩波新書

亀山佳明・麻生武（編）(2000)『野性の教育をめざして：子どもの社会化から超社会化へ』新曜社

柄谷行人 (1980)『日本近代文学の起源』講談社

Locke, J. (1694) *Some Thoughts concerning Education*.（ロック／服部知文（訳）(1967)『教育に関する考察』岩波書店）

Key, E. (1900) *Barnets århundrade: Studie*. Albert Bonniers Förlag.（ケイ／小野寺信・小野寺百合子（訳）(1979)『児童の世紀』冨山房）

北本正章 (2009)「子ども観の社会史研究における非連続と連続の問題：欧米におけるアリエス・パラダイム以降の諸学説に見る新しい子ども学の展開と構成」『青山学院大学教育学会紀要「教育研究」』53: 1-41.

北澤毅 (2017)「構築主義研究と教育社会学：「言説」と「現実」をめぐる攻防」『社会学評論』38(1): 38-54.

小林登 (1999)『子ども学』日本評論社

小林登ほか (1985-86)『新しい子ども学 1-3』海鳴社

小玉亮子 (1996)「『子どもの視点』による社会学は可能か」井上俊他（編）『岩波講座現代社会学12』(pp.191-208) 岩波書店

Lee, N. (2001) *Childhood and Society: Growing up in an age of uncertainty*. Open University Press.

真木悠介 (1993)『自我の起源：愛とエゴイズムの動物社会学』岩波書店

増山均 (1994)『ゆとり・楽しみ・アニマシオン：「子どもの権利条約」をスペインで考えた』労働旬報社

増山均・汐見稔幸・加藤理（編）(2016)『ファンタジーとアニマシオン：古田足日「子どもと文化」の継承と発展』童心社

宮澤康人 (1998)『大人と子供の関係史序説：教育学と歴史的方法』柏書房

宮澤康人（編）(1988)『社会史のなかの子ども：アリエス以後の〈家族と学校の近代〉』新曜社

元森絵里子 (2009)「「社会化論という想像力をめぐって：「子ども」の奇妙さと「社会」の強固さ」『年報社会学論集』22: 174-185.

森田伸子 (1986)『子どもの時代：『エミール』のパラドックス』新曜社

村知稔三ほか（編）(2018)『子ども観のグローバルヒストリー』原書房

村瀬学 (1984)『子ども体験』大和書房

Postman, N. (1982) *The Disappearance of Childhood*. Delacorte Press.（ポストマン／小柴一（訳）(1985)『子どもはもういない：教育と文化への警告』新樹社）

Prout, A. (2005) *The Future of Childhood: Towards the interdisciplinary study of children*. Routledge.（プラウト／元森絵里子（訳）(2017)『これからの子ども社会学：生物・技術・社会のネットワークとしての「子ども」』新曜社）

Prout, A. (2011) Taking a step away from modernity: Reconsidering the new sociology of childhood. *Global Studies of Childhood, 1*(1): 4-14.（プラウト／元森絵里子（訳）(2014)「子ども社会研究はモダニティからいかに距離をとるか：「新しい子ども社会学」再考」『子ども社会研究』20: 119-135.）

Prout, A. (Ed.) (2000) *The Body, Childhood and Society*. Palgrave Macmillan.

Rousseau, J. J. (1762) *Émile, ou, De L'éducation*.（ルソー／今野一雄（訳）(2007)『エミール（改版）』岩波書店）

Ryan, K. W. (2011) The new wave of childhood studies: Breaking the grip of bio-social dualism. *Childhood, 19*(4): 469-452.

佐藤忠男 (1959)「少年の理想主義について」『思想の科学 第4次』3: 15-31.

仙田満 (1984 [2009])『こどものあそび環境（増補版）』鹿島出版会

住田正樹 (1985)『子どもの仲間集団と地域社会』九州大学出版会

Winn, M. (1983) *Children without Childhood.* Pantheon Books.（ウィン／平賀悦子（訳）(1984)『子ども時代を失った子どもたち：何が起こっているか』サイマル出版会）

山口昌男ほか (1984)『挑発する子どもたち』翳々堂

山村賢明・北澤毅 (1992)「子ども・青年研究の展開」『教育社会学研究』*50*: 30-48.

山下恒夫 (1977 [2002])『反発達論：抑圧の人間学からの解放（新装版）』現代書館

矢野智司 (2006)『意味が躍動する生とは何か：遊ぶ子どもの人間学』世織書房

Part 1

現代の子ども研究で
問われている視角

第1章 子どもの主体性礼賛を超えて
── 「学校の怪談」をめぐる教師と子ども

吉岡一志

1 80年代的児童文化研究からの脱却を目指して

　1970、80年代、児童文化研究において児童文化とは何かというアイデンティティが模索され始めた。それは高度経済成長期以降、子どもをとりまく社会的、文化的な環境が激変したことの反応として生じたものだったのだろう。児童文化研究の歴史が探求され、「子ども文化」という新しい用語が登場するとともに、子どもの視点をいかに捉え、評価しうるのかが問われることとなった。この時代は、児童文化研究におけるひとつのターニングポイントであり、当時の児童文化研究者の視角は、現在に至ってもなおその影響力を強く残している。

　この転換期において、子どもの視点の重要性を高らかに宣言し、当時の児童文化研究を牽引したのは、藤本浩之輔と古田足日であった。子どもは大人の想定を超え、自由で主体的に世界に関わり、独自の文化を創造する主体であることが、彼らの主張である。それゆえ、転換期以降では、従来の「子どものために」という啓蒙的な立場から子どもにとって何が「教育的」かを議論しようとする態度を一旦保留し、子どもそのものを観察していくことが要請されることとなった。こうした論調は、現代でも広く受け入れられており、「子どもの視点から子どもを理解せよ」という常套句に疑義が挟まれることはほとんどない。しかし、現代にも通じるこのような子どもの主体性の強調には、再考の余地はないのであろうか。

　たしかに、藤本や古田が子どもの視点に注目したことは、子どもは本来的に無垢な存在であり、脆弱で大人の保護を必要とするといった大人の一方的な思い込みを退け、それを乗り越えて主体的な子ども像を描き出そうとする画期ではあった。しかし、彼らは果たしてこうした「近代的子ども観」を乗り越える

ことができたのだろうか。むしろ、「近代的子ども観」の内部にとどまり続けていたのではなかったか。

以上のような問題関心から、本章では、藤本と古田の議論を取り上げ、彼らが子どもの主体性を強調することの問題点を考えていきたい。そして、この問題点を克服するひとつの方途として、関係論的視角を提案したい。学校を舞台とする民間伝承のひとつである「学校の怪談」を事例とし、それらを子どもと大人がいかに語っているのかを関係論的に読み解くことが本章の課題である。子どもの主体性を、閉ざされた子どもだけの世界のなかに見出すのではなく、大人である教師との関係のなかで捉えようとした先に何が見えてくるのであろうか。

2　子どもの視点に立つ子ども文化研究

2-1　児童文化研究における子どもの視点への転換

児童文化研究において70、80年代はひとつの転換点である。というのも、先述のとおり、同時期に児童文化研究では、児童文化とは何かという反省が高まり、一方では児童文化の歴史を振り返りその本質を探ろうとする試みがなされると同時に、他方では、児童文化という用語で捉えられる事象の拡張、あるいは限定といった対象を見定めようとする議論が展開された。

とりわけ、「子ども文化」という用語を用いて、これまでの児童文化研究を批判的に乗り越えようとした藤本浩之輔の功績は大きい。1985年に発表された「子ども文化論序説」は現在でもしばしば引用されており、また今日において「子ども文化」の用語がある程度定着していることからも、その影響力の強さを窺い知ることができる。まずは同論文を中心に藤本の見解を整理してみよう。

当時、出版されていた大学生向けの児童文化論のテキストは、そのほとんどが児童読物、児童音楽、児童絵画、児童演劇などの各種児童文化財を列挙し、それぞれのよりよい教育効果が検討されるといった類のものであった。藤本は「児童文化という言葉の根底には、子どもの生活のなかにある非文化的なものを排除し、価値の高いものに育て上げていくという意味」（藤本 1966 p.173）

が含意されており「大人がつくって子どもに与える文化財」であると、その言葉のもつパターナリスティックな色彩を批判する。それは、児童文化で名指される各種児童文化財は、子どもの意志を反映しないまま大人が「子どものために」という啓蒙的な立場から一方的に与えるものにすぎないという批判であった。

　そこで藤本は児童文化財からその受け手である子どもの視点、すなわち子どもの内的経験に照準を切り替える。それだけではない。人類学を参照しながら、子どものふるまいや思考を必ずしも矯正されるべき未熟なものではなく、大人とは異なる子ども固有の文化的要素と見なし、文化の創造者として子どもを捉えようとした。その結果、藤本は「子ども達によって習得されたり、創り出されたりした子ども達固有の生活様式（行動と行動の諸結果）であって、子ども達の間に分有され、伝承されているもの」（藤本 1985 p.5）を「子ども文化」と呼び、これを典型とする「遊び」の研究への転換を目指す。子どもにとって「それが面白く、楽しいから」伝承されてきたとして、子どもの明確な意思を伝承遊びに見出すのである。こうして、従来の児童文化財を中心とする「児童文化」と、子ども特有の文化である「子ども文化」を使い分けることとなる。

　こうした子どもの独自性の解明へと藤本を動機づけたのは、当時の学校教育への批判的なまなざしだったと考えられる。もちろん、藤本は、学校教育を全面的に否定しているわけではないが、教育には原理的に、抑圧的で、画一的な側面があり、子どもの「生きる喜び、新鮮な感性、学ぼうとする意志」を奪う側面があるのだという。このことは、当時、教育問題となっていた「無気力、無感動、無関心、登校拒否、非行、親や教師に対する暴力、薬物耽溺といった青少年問題の増加」（藤本 1985 pp.28-29）に象徴されるという。

　以上のように、子どもが文化の創造者であることを認め、その主体的な営みを積極的に評価する立場に立ち、大人とは異なる子どもの独自性を追求することで、大人が押し付ける「教育」とは異なる文脈での子どもの成長を捉えようというのが、藤本の基本姿勢であると考えられる。藤本にとって「子ども文化」こそ、子どもが自らの意志で大人の介入を拒み、独自に確立した子ども特有の世界であり、子どもが生き生きと活動し、想像力を育んでいく根源的な世界なのである。

　一方、藤本と同時代に児童文化研究の閉塞感を打ち破ろうと新たなビジョンの提示を試みたのが、児童文学作家としても著名な古田足日である。古田は

1982年に『子どもと文化』を刊行する。古田は、藤本が「子ども文化」という言葉で、子どもの伝承遊びに限定して子どもの独自性の解明に向かったのとは対照的に、教育的な意図の有無にかかわらず、子どもが触れる可能性があるすべての文化を射程に入れて、子どもの成長と文化との関係性に着目する。ここでは『子どもと文化』を中心に、古田の主張を整理していこう。

　藤本同様に、古田も強調するのは、子どもの内面世界である。古田は、子どもの成長を説明する旧来の社会化概念が、すでに確立された社会規範の型を超えることのない画一的な人間像の形成を前提としていた点を批判し「創造の問題」の欠如を指摘する。それゆえ、古田の関心は「文化の内面化」へと照準される。古田は「生物学的素質」やこれまでの経験の蓄積によって、「社会的に標準化された行動の型」が微細な変容を遂げながら内面化されるとする。この個々人の差異が「その人間をその人間足らしめ」るとともに新しい文化を生み出す契機なのだという（古田 1982 [1997] pp.38-39）。つまり、古田は「文化の内面化」という概念により、個人が能動的、主体的に社会と交渉するという創造的な人間像を打ち立てるのである。

　ここで注意されなければならないことは、子どもの内面世界の把握にとどまらず、より積極的に子どもの向かうべき方向が指し示されているところである。古田は内面世界の経験を「原体験・原風景」というやや抽象的な表現で捉えようとする。誤解を恐れずに言えば、原体験は個人の意思を超えるものと出会ったときの葛藤とその克服の局面であり、個々人に劇的な変容を迫る瞬間を指す。こうした経験を通して「自分の目でものごとを判断しようとする態度」、すなわち「個の自立であり、近代市民的性格」（古田 1982 [1997] pp.45-46）の獲得が目指されている。子どもの能動的、主体的な経験が「近代市民的性格」の形成を水路づける経路として考えられているのである。

　以上を踏まえ、古田は子どもが「おもしろい、楽しい」と没頭する精神活動（「精神の集中・躍動・美的経験」と表現される）を立脚点とすることに児童文化研究の独自性を見る。古田は直接的には言及していないのだが、ファンタジーの世界にのめり込んだり、砂山のトンネルづくりに熱中したりするような「精神の集中・躍動・美的経験」に、先の「原体験・原風景」を得る機会があると考えられる。古田にとって、児童文化研究は、子どもが自ら没頭する世界経験のなかでいかに「近代市民的性格」の獲得に向かって人間形成をしていくのかを解明することに主眼をおくものであると言えよう。

2-2　80年代における児童文化研究の転換の課題

　この二人の児童文化論は、互いにほとんど交流しあうことがなかったにもかかわらず、重要な共通点をもつ。それは、教育、児童文化財、社会化など大人の働きかけに子どもを受動的に、画一化しようとする側面があることを指摘し、それを強制と捉え、反対に、大人と距離をとるなかで子どもが主体性を発揮させる経験こそが、自立的で、創造的な人間形成を達成させる契機であると見る点である。

　こうした見方は、90年代以降の児童文化研究者にも継承されていく。たとえば増山均は、学校教育の肥大化にともなう「文化の教育主義化」の情勢において、「人間性豊かな文化・芸術に主体的に参加することにより〈精神〉を活性化させ、心（魂＝アニマ）を躍らせ（イキイキ、ワクワク、ハラハラ、ドキドキ）ながら楽しむこと、すなわちアニマを活性化（アニマシオン）させつつ生活を楽しむこと」（増山 1994 pp.30-31）の重要性を強調する。さらに加藤理は、古田足日論とも言うべき『ファンタジーとアニマシオン』（加藤 2016）において、学校教育などの「有用性の原理」とは無縁に、子どもが自らの意志によって遊びなどに没頭する経験を本来の人間性（自分の意志で選択する力）を取り戻す不可欠な営みであると指摘している。いずれも藤本が言うような「文化の創造者」たる主体的な子ども像を「本来のあるべき姿」として想定し、抑圧からの子どもの解放を企図している。

　藤本や古田が子どもの視点に照準し、創造的、主体的な子どもの経験に迫ろうとした当時の試みにはそれなりに意味があった。それは、本来的に脆弱で、保護され、教育されるべきであり、受動的に大人の配慮に追従する存在として子どもを自明視するのではなく、能動的で、主体的な存在として子どもを捉え直す道を児童文化研究に切り開いたことにある。つまり、大人が児童文化財に込めた教育的価値を子どもがそのまま受け入れるという見方を停止させ、実際に子どもがどう受け取り、何を考え、いかにふるまうかを解明しようとする研究への転換が促されたのである。

　しかし、その試みは、大きな問題を抱え込んでしまう。ひとつは、子どもを受動的な存在であるとする見方を相対化しようとしたはずの試みが、今度は子どもの本質が能動性にあると決めつけてしまうことである。そして、もうひと

つは、子どもの本質化にともなって、子どもは主体的でなければならないという新たな規範を構築してしまうことである。

　たしかに、子どもの言動に焦点を当てると、大人が困惑するような発想やふるまいが目につき、実感として、大人と子どもの間に本質的な差異を見出したくなる欲求に駆られてしまう。それを大人に対する子どもの挑発、あるいは異文化として捉えたのは本田和子であった。こうして発見される差異が「本当の子どもの姿」や「子どもの本質」として語られ、能動的、主体的に生きる子どもが本質化されるのである。

　そして、こうした子どもの姿を見るにつけ、それが「子どもらしさ」「子どもの本来あるべき姿」と理解されると、子どもを抑圧から解放することが目的化してしまう。先の加藤が指摘するように「有用性の原理」からの離脱が人間性の回復と見なされることは、まさにこうした事態を表している。そのため、子どもは大人の影響下から脱し、子どもだけの世界で主体的に活動しなければならないという規範が構築されていく。このことは、子どもは本質的に無垢で保護されるべき存在だとする大人の思い込みの裏返しとして、子どもは本質的に主体性をもっているに相違なく、それを解放してやるべきだという同じコインの裏と表のようなもうひとつの思い込みに陥らせてしまうのではないだろうか。

　さらに、古田が明確に打ち出しているように、子どもの主体的な営みの先に「近代市民的性格」の形成が期待されると、「この作品は子どもが喜ぶ、だからいい作品だ」（古田 1982 [1997] p.60）という論理は単純には受け入れがたくなり、幾ばくかの教育的配慮を注がずにはおれなくなる。すると、結局のところ、大人はどこまで子どもに介入すべきかという出口の見出せない問いの隘路にはまってしまう。つまり、80年代的児童文化研究は、子どもらしさをその主体性に求め、いかにそれを保護していくかをめぐって大人の関与のあり方に関心が向かっており、その意味で「近代的子ども観」の枠から一歩も踏み出せていないと言えるのではないだろうか。

　こうした隘路を抜け出すためには、大人との関係のなかで、子どもを見ていくことが必要となってくる。藤本、古田の大きな誤りは、大人の関与を抑圧的なものとして退け、子どもだけの世界を排他的に切り取り、大人との相互に依存し合う関係を見落としてきたことである。私たちは大人、子どもにかかわらず、互いに視線を投げかけ合い、従えたり、従ったりしながら、日々の秩序を

維持していく。つまり、大人が常に抑圧的に子どもを拘束する存在でもなければ、子どもは常に大人を挑発する存在でもない。両者は互いにまなざしを交わし合いながら相互に落としどころを見出しているのである。

　80年代的児童文化研究に見られるように、「児童文化」と「子ども文化」を区別し子どもだけの世界を焦点化することも、何かに没頭する子どもの内的経験だけを切り取ることも、大人と子どもが共に住む世界を理解する方法として現実的ではない。むしろ、子どもは主体的でなければならない、子どもを抑圧から解放すべきという規範を一旦保留し、大人と子どもがいかに関わり合い、どのような駆け引きが行われているのかを見ていく視点が不可欠なのではないだろうか。本章が主張するこうした視角は、関係論的視角と呼ぶことができよう。この視角に立つことで、大人と子どもの関係を抑圧者／被抑圧者（対抗者）という固定されたものとして捉える必然性はなくなり、双方の関係を揺れ動くプロセスとして描き出すことができるのではないだろうか。

　そこで次節では、「学校の怪談」を事例に、これをめぐる子どもと大人の関係を見ていく。「学校の怪談」は学校を舞台とし、教師や子どもを巻き込みながら語られるひとつの口承文化である。それは大人が子どものために教育的意図をもって与えるものではなく、子どもだけの世界で自生的に発生した、藤本の言うところの「子ども文化」に相当するものと見なされる。しかし、学校を舞台にするがゆえに、「学校の怪談」をめぐる大人と子どもの思惑は否応なく交差してくると考えられる。このとき、関係論的視角は「学校の怪談」を語る子どもを主体的か否か、あるいは大人と子どもを抑圧する／されるという二項対立図式では捉えきれない複雑な関係として浮かび上がらせることができるのではないだろうか。

3 「学校の怪談」をめぐる教師と子どもの関係

3-1 「学校の怪談」における大人への抵抗図式の問題

　1990年代初頭に「学校の怪談」がブームとなるが、その直接的な火付け役と考えられるのが民俗学者の常光徹である。1990年には講談社KK文庫から『学校の怪談』シリーズが、さらにポプラ社からは日本民話の会学校の怪談編

集委員会編の『学校の怪談』シリーズが刊行されており、いずれも常光が携わるものであった。1993年にミネルヴァ書房より発表された『学校の怪談：口承文芸の展開と諸相』は、現在に至るまで数少ない「学校の怪談」研究の基本文献となっている。

　そのなかで常光は、「学校の怪談」を「学校という制度のなかで、個の意志とは無関係に持続を強いられる集団の精神的な緊張の高まりが沸点に近づいたとき、その解消と冷却を求めようとして、子どもたちが創出したたくまざる文化装置」（常光 1993 p.58）として理解する。この理解に立てば、学校のなかで息苦しさに苛まれながらも、「学校の怪談」を通して非日常性を巧みに創出しながら、たくましく日々の生活を送っている子どもの姿が描き出される。

　常光が描いたような近代教育制度の抑圧に対する子どもの抵抗という図式は、他の論者によってもほぼ同様の指摘が繰り返される。たとえば1970年代末に流行を見た「口裂け女」については、「学力至上主義」や「教育ママ」による「人間性の蹂躙」に対する子どもからのサインだったと読み解かれ（近藤 1997）、また、90年代の「学校の怪談」ブームは個性尊重と管理教育という2つの矛盾する方向性を同時に要求された子どもの「闇」の発露として捉えられた（一柳 2005）。

　こうした「学校の怪談」の理解は、上述した「子ども文化」「子どもと文化」といった概念と多くを共有していると言えるのではないだろうか。必ずしも教育的なものとして大人が子どもに与えたものではない「学校の怪談」は、子どもが自ら生み出し、大人がつくり上げた社会に対抗していく、子ども独自の世界であり、自律的な子どもの文化であると。

　しかしながら、「学校の怪談」から子どもの声を読み取ろうとする従来の研究には看過しえない大きな前提が潜んでいる。それは、「学校の怪談」を取るに足らない虚構として切り捨てることができる理性的な大人と、それを無批判に信じ込んでしまう非理性的な子どもという相互に排他的な二項対立である。したがって未熟な子どもが「学校の怪談」の中心的な語り手であることが自明視される。しかし、だからこそ「学校の怪談」研究においては、子どもだけが「学校の怪談」の特権的な語り手として見なされるのであり、そこに子どもの声が読み取られる余地が見出されるのである。

　ところが、「学校の怪談」の語り手に注目してみると、教師もそれなりのリアリティをもって語っており、子どもだけのものではないことがわかる（吉

岡 2015)。となると、子どもが学校という教育制度に抑圧されていることを前提にして、「学校の怪談」を通して大人に反旗を翻す子どもの姿だけを切り出してしまうわけにはいかない。教師も語るのであれば、子どもの語りはカウンターカルチャーになりえない。したがって、「学校の怪談」は教師と切り離された子ども独自の文化として理解するのではなく、子どもも教師も共に語るものとして両者の関係の取り結び方を問う必要があろう。

　以上の反省を踏まえ、次項では大人と子ども双方への視点に配慮しながら、両者が相互に関わりあうなかで語られる「学校の怪談」の様相を見ていく。関係論的視角を採用することで、単に抑圧／抵抗という図式におさまらない教師と子どもの関係が見えてくるだろう。その両者の関係のなかで、ある瞬間に子どもの主体性が見えたように思えたり、同じ瞬間が抑圧に見えてしまったりするだけなのではないだろうか。また、この抑圧する／されるという大人と子どもの固定的に見られがちな関係も揺らいでいく可能性が見えてくるだろう。以下、この点を事例に基づいて、検討してみよう。

3-2　子どもの語りから見る子どもの能動性と受動性

「学校の怪談」は教師と子どもの敵対関係という枠組みで理解されるような、子どもの主体的な営為として捉えきれるのだろうか。子どもと教師それぞれに排他的に焦点を当てるのではなく、両者の相互に依存し合う関係のなかで捉えることで、大人の抑圧に抵抗する子どもの能動的な営みだけではない子ども文化の姿を確認したい。そこで、まずは子どもが投稿した「学校の怪談」を収録した『みんなの学校の怪談 赤本』（以下『赤本』と呼ぶ）から探ってみよう[1]。

　子どもが語る「学校の怪談」の特徴のひとつとして、怪異を回避する術が周到に用意されていることが挙げられる。たとえば「トイレの花子さん」に典型的に見られるのだが、いつ、どこの階にあるトイレの、何番目の個室で、何回ノックするかなど、時間、階、男女の別、個室の位置、召喚の儀式といった、「花子さん」と出会うための条件が、事細かに定められている。『赤本』に投稿された子どもの語りには怪異に遭遇するための何らかの条件や回避方法が含まれているものが8割を超える。

　こうした回避法のひとつに教師が活用されることがある。出会うと口と目と鼻と耳を取ってしまう「のっぺらぼう」は「先生がきた」と言うと退散して

いくし（444話）、誰もいない体育館で「バスケットボールが、ひとりではねている」怪異は、教師の登場を機に終息する（79話）。おそらくは、子どもにとって教師は、怪異に惑わされない存在と見なされているのだろう。それゆえ、怪異自体も教師を避け、結果的に教師が登場することによって怪異はおさまる。つまり、教師は怪異を回避するための戦略として子どもに利用されていると言えよう。

　また、教師は「学校の怪談」の信憑性を高める役割として活用されることもある。真夜中の廊下を走り抜ける「ダッシュ女」について語る11歳の女子は、「体育のO先生の意見では、『あれは口さけ女のルーツだ。』ということで、先生たちもその存在をみとめています」（455話）と教師が「学校の怪談」を語っているということ自体を強調する。『赤本』でしばしば見られる「むかしからいる先生の話では」といった前置きも、教師が語ったものであることにアクセントをおいた表現である。

　このようなかたちで教師が語りに組み込まれる背景には、「学校の怪談」を信じない子どもも一定数いることが推測される[2]。そうした半信半疑の聞き手に対し、「教師が語った」という語りは有効なレトリックとして作用すると考えられる。本来怪異に惑わされず、それゆえに怪異を終息させうる教師が、その「存在をみとめて」いるのであればこそ、その情報は信頼するに足る確かなものとなる。

　以上の事例からは、子どもが教師を巧みに利用している姿が見てとれる。しかも、そこには教師と子どもの力関係の差異が前提となっていることがわかるだろう。怪異から子どもを救う教師、怪異の信憑性を高める教師は、いずれも、子どもにはない力をもつからこそ可能となる。子どもは、教師と子どもの非対称な力関係を前提に、そのずれをしたたかに利用するのである。

　しかしながら、この力関係は、一方で子どもの語りを水路づけていく側面をもつ。一般的に90年代以降の怪談には怪異が発生したという出来事のみが語られ、なぜそれが発生したかという原因は語られなくなると指摘されている（一柳 2006）。この指摘は「学校の怪談」にも当てはまり、『赤本』において怪異の発生原因が語られているものは54件（全体の10％）にすぎない。ところが、その由来が含まれるものの多くは教師が発信源であると語られる[3]。つまり、出来事を中心とする子どもの語りに教師が一定程度介入し、何らかの意味付与をしており、大人と子どもが協同で「学校の怪談」を伝承してきた側面

があることが考えられよう。

　教師から聞いたとされる語りには、放課後に逆上がりを教えてくれた少年が「鉄棒が大好きだったけれど、二年前に死んでしまった男の子」（208話）だった、教室の壁を叩く音をさせていたのは5年前に死んだ「テストが好きで、よろこんでやっていた子」（260話）だったなど、死んでからも学校に通おうとするような学校を好意的に解釈する優等生的な子どもが登場する。このことは、教師が子どもの語る「学校の怪談」を再編成し、怪異の原因に「理想的な子ども」を組み込むことで、意図的、無意図的に教育的な意味を付与し、「児童文化」とも言うべき性質へと作り変えている可能性を示す。

　「学校の怪談」は子どもだけの独立した世界ではなく、教師や他の子どもも共にいる世界で語られる。そこでは教師の権威を利用し、語りの素材として活用するような能動的に世界と関わる子どもの姿が垣間見えると同時に、その権威ゆえに教師の教育的な関与に容易く水路づけられてしまう可能性もありえるだろう。一方では能動的にも見え、一方では受動的にも見えるこうした教師との関係は、教師と子どもの非対称な力関係を前提に成立しながら、複雑に編み合わされていることが確認できる。

　また、「学校の怪談」を信じない子どもがいることも合わせて考えれば、その関係は一層複雑になる。つまり、「学校の怪談」を語る子どもが、それを信じない子どもから卓越化するために教師を利用するという三者関係として見ることもできるだろう。このように、単純に教師－子どもという二項では捉えきれない側面もあるのである。

3-3　教師の語りから見る教師－子ども関係の逆転

　前項では、教師と子どもの間に非対称な力関係があると指摘した。しかし、この力関係も決して固定的なものではない。次に教師の立場から教師と子どもの関係を見ていくことで、教師と子どもが抑圧する／されるという一方的ではない関係にあることを確認していこう。

　筆者はこれまで教師へのインタビュー調査を行い、「学校の怪談」などいわゆる「怖い話」を通して子どもとどのような関係を取り持ってきたのかを検討してきた。ここでは、実際に怪異に遭遇した経験をもち、子どもにもよく怖い話を語ってきたというN先生（50代男性：小学校教諭）と、怖い話を子ども

に語ることにも自らそうした話を聞くことにも強い抵抗を示すS先生（30代女性：小学校教諭）の語りを中心に検討してみよう。

かつての教師は恐怖を軽減させた内容に改変するといった配慮をしながら、子どもに怖い話を語り聞かせることがあったという。N先生は、子どもに怖い話をする際には、たとえば理科室などで暗幕を閉めるといった演出までするような、語り好きな教師である。ある年の宿泊学習の折、N先生はその宿泊施設の天窓から子どもがのぞくような視線を感じたのだという。しかしその体験は、子どもが「パニックになるから」という理由で、子どもたちには語られることはなかった。N先生は日常的に子どもに怖い話を聞かせるときにも、「パニックになる」ことを避けるため、「リアルな感じ」にならないよう「冗談に変えられるような話」「その土地じゃないところの話」に置き換え、怖さを調整していたようである。

ところが、多くの調査協力者は、近年（90年代以降）は子どもに怖い話をしなくなったと口を揃える。その要因として挙げられるのは、「時間がない」ということの他に、「いやがる子」の存在である。N先生は「最近の先生はそういう怪談とかあんまりしないんじゃないですかね。やっぱ、いやがる子がいるからっちゅーんでね」と証言する。S先生も同様に、「みんな聞きたいかどうかわからなくて、いやな思いをするかもしれない」怖い話を教師が語り聞かせることを、「強制的」なことと捉えて強く否定する。

S先生が子どもに怖い話を聞かせることを拒絶する背景には、「寝れなくなったりとか、夜尿が始まったとか」といった子どもへの「リスクが高い」という認識がある。しかしながら、S先生は、怖い話がもつ決定的な悪影響を問題としているわけではない。なぜならば「そういうのが好きな子」に対しては図書室等に関連する書籍を配置することも、必要な配慮であると述べるためである。つまり、あくまでも、「いやがる子」という個別の子どもの不快感に配慮を向けるのである。

もちろん、N先生はかつて子どもに怖い話をする際にも「いやがる子」がいることを認識していなかったわけではない。そのような子には「怖い子は、こうやっとけよって（両手で耳をふさぐ素振り）あーって声出しながらあーって、やってましたけどね」というように、耳をふさぐように指示したうえで、語っていたという。

このことから、教師は「いやがる子」に無関心だったのではなく、一人ひと

りの子どもへの配慮の基準を上昇させてきたと考えられよう。教師は子どもとの関係において「強制的」であることを厭い、「いやがる子」の心にも目配りをしなければならないと考えるようになっていく。こうした変化は、教師が自らの抑圧性を監視し、子どもとの力関係を不断に反省しようとする現代的な教師のあり方を象徴している。かつて「いやがる子」にも「強制的」に怖い話を語っていた教師と子どもの力関係は、現在に近づくにつれ縮小し、今では怖い話が語られなくなるのである。

　さらに言えば、教師－子どもの力関係は逆転していると言っても差し支えないだろう。N先生は「昔はおおらかやったなぁ」と子どもに怖い話をしていた時代を振り返っている。さまざまに工夫をしながら子どもに怖い話を語り聞かせて楽しんでいたN先生は、もはや怖い話を語りたくても語ることができない。「いやがる子」の視線は、教師に怖い話を語らせない強制力をもつようになっているのである。このことは教師－子ども関係におけるあらゆる局面に当てはまるわけではないが、少なくとも子どもが教師に対して強制力を行使しうる可能性は十分に示していると言えよう。

　こうした教師と子どもの力関係の変化の背後には、保護者の存在が見え隠れする。N先生は子どもに怖い話をしなくなったもうひとつの背景として「親から苦情がきますよね。あんまりやると」と語る。S先生も同様に「ただこうやって心配かけるのはどうかなってこっちから、思うことはやめるとか、もちろんありますけど」というように、保護者の存在は完全には無視しきれないことがわかる。教師たちは保護者のクレームをあらかじめ想定し、自己抑制的に自らのふるまいをある程度抑制している側面があることは間違いないだろう。「寝れなくなったりとか、夜尿が始まったとか」という「リスク」は保護者からのクレームとして理解できる。

　子どもが教師に投げかける強制力は、子どもの背後にいる保護者のまなざしに支えられている。子どもと教師の力関係は、こうして保護者という第三の存在の介入によって再配置されるのである。先に見たような教師と子どもという二項関係にとどまらない編み合わせは、学校の外部にも視野を拡げることをも要請し、いよいよその複雑さを増すのである。

4 相互に依存する人間関係の編み合わせ

　子ども独自の世界に自生しているかに見えた「学校の怪談」は、子ども同士や教師、保護者などの多様なアクターと密接なつながりをもつ。ある瞬間には子どもの主体性が見えつつも、別の瞬間には教師の教育的な働きかけに容易になびかせられる子どもの姿もまた確認できる。また、抑圧する／されるという教師と子どもの関係も必ずしも固定的ではない。さらに、こうした関係性の揺れ動きは、複数の子ども集団と教師、あるいは子ども、教師、保護者などといった多項関係に左右される。

　児童文化研究では、大人の抑圧に対する子どもの主体性を強調するあまり、こうした子ども同士や子ども－大人の相互の関係を見落としてきた。たしかに、子どもは相対的に自律しているが、決して完全な自律ではない。多項によるさまざまな駆け引きが複雑に絡み合っている世界のなかに「学校の怪談」は位置づいているのである。

　本章の視角は、ドイツの社会学者、ノルベルト・エリアスから多くの示唆を得たものである。エリアスは、フィギュレーションという概念を用いて、個人と社会、あるいは主体と構造といった伝統的な二元論の克服を目指した。フィギュレーションとは、図柄、関係構造、関係態などさまざまな訳語が充てられるが、「相互に依存しあう人間関係の編み合わせ」として個人の主体と社会の構造を一元的に捉えようとするものである。そこで想定される人間像をエリアスは「開かれた個人」と呼び、次のように説明する。

　　この個人は、他人との関係において相対的自律性は多少有しているが、決して絶対的全体的自律性をもつことはなく、事実上は一生涯にわたって終始他人に調子を合わせ、他人に頼り切り、他人に依存している存在である。人間を互いに結びつけるのは、相互依存のこうした編み物なのである。この相互依存は当研究で、図柄ないし、相互に調整しあい相互に依存しあう人間の構図と名づけられているものの核心である。人間はまず生まれながらにして、次いで社会的訓練・教育・社会化・社会的に覚醒された欲求を通して、多かれ少なかれ相互に依存しているので、もしこう表現してよければ、人間

は多元性としてしか、図柄の形としてしか存在しないのである。(Elias 1939
　　[1976]=1977 pp.50-51)

　このように、私たちは、絶対的自律性は有しておらず、少なからず状況に応
じて他者の出方を見ながら自らの行動を選択していく。本章に照らして言うな
らば、子どもは教師との非対称な関係性を利用し、また非対称ゆえに容易に
従ってしまう。しかし、その非対称性も多様な人間関係の網の目に左右されな
がら逆転することもありえる。教師と子ども関係は、抑圧する／されるという
単純で、固定された二者間の一方通行ではないのである。
　子どもは抑圧されているようにも、主体的に活動しているようにも見え、混
然一体としている。エリアスが指摘するように、「絶対的全体的自律性」をも
つことがないのであれば、純粋な主体性はありえない。子どもと教師はひとつ
のボールをめぐって動き続けるサッカーの試合のように、押されれば引き、引
きながら押し、押してはまた押し返されるといった、能動的か受動的かでは言
い尽くせない流動的なプロセスのなかで共に生きているのである。そこでは
ボールや敵、味方、そして自分自身の位置、それぞれに目を配りながら、場合
によっては監督や審判、観客の視線も気にしつつ、他者の出方に合わせて、そ
の都度その都度、模索しながら自らのふるまいを決めていかなければならない。
　となれば、児童文化研究は、疑似的な子どもだけで完結する世界を夢想する
のではなく、フィギュレーション、すなわち、「相互に依存しあう人間関係の
編み合わせ」のなかで児童文化財や遊び、そして、人間の発達を捉えていく方
途を開拓していく必要があるのではないだろうか。もし教師が「学校の怪談」
を語ることを禁止するのであれば子どもは強い抵抗を示し、翻ってより主体的
なふるまいを見せ始めるかもしれない。もし教師と子どもが同じ「学校の怪
談」を語り合うことがあるなら、互いに恐怖を共有し、手を取り合って励まし
あったり、驚く様を見て笑いあったりするような協同的な関わり方も可能にな
るかもしれない。また、そうした事態が成立するには、いかなる人間関係の編
み合わせが結ばれているのかも解き明かしていく必要がある。
　児童文化研究は、子どもの主体的な営みを子どものあるべき姿として称揚す
ることにとどまるわけにはいかない。子どもはそれ自体で能動的、主体的な存
在ではなく、他者との編み合わせのなかで流動的に変化するものであるのだか
ら。そもそも「子ども」というカテゴリー自体が相互依存の編み合わせによっ

て歴史的に姿を現したもののはずである。

　藤本や古田が切り離そうとした大人の世界と子どもの世界を、もう一度「相互に依存しあう人間関係の編み合わせ」として結び直すことによって、何が誰にどのような関係を結ばせ、それが結果としていかなる事態をもたらすのかを明らかにしていくことが不可欠である。こうしたフィギュレーションへの注目が、80年代的児童文化研究の隘路を抜け出すひとつの可能性につながるのではないだろうか。

注

［1］ここでは子どもによる「学校の怪談」の語り方を分析した拙稿（吉岡 2013, 2018）を中心に論じていく。

［2］『赤本』が投稿された「学校の怪談」である以上、これに関心を寄せる子どもの語りが掲載されるにすぎない。そのため「学校の怪談」を信じない子や極端に嫌う子の様子は同資料からだけでは十分には捉えきれない。ただし、怪談を聞いた後に、複数人で連れ立って「確かめに行く」というような語りがあり、その場で主導権を握る子どもが「勇気ある」と評されることから、信じない子や怖がりな子も、「学校の怪談」を面白がる子たちに否応なく巻き込まれている可能性が考えられる。

［3］大人を発信源だとする語りは全部で30件であり、そのうち20件は教師から聞いたとするものであった。この大人を発信源とする30件のうちの18件が怪異の由来を含むものである。

参考文献

Elias, N. (1939 [1976]) *Über den Prozeß der Zivilisation 1*. Frankfurt am Main: Suhrkamp.（エリアス／赤井慧爾・中村元保・吉田正勝（訳）(1977)『文明化の過程 上』法政大学出版局）

藤本浩之輔 (1966)「子ども文化論」宇野登・片岡徳雄・藤本浩之輔『子どもの世界』(pp.173-192) 三一書房

藤本浩之輔 (1985)「子ども文化論序説：遊びの文化論的研究」『京都大学教育学部紀要』*31*: 1-31.

古田足日 (1982 [1997])『子どもと文化』久山社

本田和子 (1982 [1992])『異文化としての子ども』ちくま学芸文庫

一柳廣孝 (2005)『「学校の怪談」はささやく』青弓社

一柳廣孝 (2006)「「怪談」から読み解く現代社会」『第三文明』*8*: 70-72.

加藤理 (2016)「『二つの世界』と子どもの育ち」増山均・汐見稔幸・加藤理（編）『ファンタジーとアニマシオン：古田足日「子どもと文化」の継承と発展』(pp.168-192) 童心社

近藤雅樹 (1997)『霊感少女論』河出書房新社

増山均 (1994)『ゆとり・楽しみ・アニマシオン：「子どもの権利条約」をスペインで考えた』労働旬報社

常光徹 (1993)『学校の怪談：口承文芸の展開と諸相』ミネルヴァ書房

常光徹（編）(1995)『みんなの学校の怪談 赤本』講談社

吉岡一志 (2013)「子どもが語る『学校の怪談』の内容分析：子どもは学校制度による『抑圧』に抵抗しているのか」『子ども社会研究』*19*: 63-75.

吉岡一志 (2015)「『学校の怪談』と子ども文化」南本長穂・山田浩之（編）『入門・子ども社会学：子どもと社会・子どもと文化』(pp.175-187) ミネルヴァ書房

吉岡一志 (2018)「『妖怪』との出会いからみる『学校の怪談』の現代的意味」『山口県立大学学術情報』*11*: 103-110.

第2章 グローバル時代における「異文化の子ども」研究
── バングラデシュの教育熱のグローーカル性

南出和余

1 はじめに

「子ども」とは誰か ── この問いは、「子ども」を研究しようとする私たちの前に常に立ちはだかる問題である。フィリップ・アリエスによる『〈子ども〉の誕生』（1960=1980）が「子ども」という概念は時代のなかで社会によって構築されたものであると指摘すると、「社会のなかの子ども」という「子ども」概念の社会性が議論されるようになった。この「アリエスショック」は異文化を対象に研究をしてきた文化人類学においても注目され、通文化的に「子ども」を比較検討しようとする動きが、日本では特に1980年代ごろから盛んとなった。

「子どもというのは、何歳から何歳までを指しているのか、ふつう乳児期、幼年期、少年期などと区分しているが、それらの境界は何歳なのか。もちろん、子どもにより、地域により、文化によって相違はあるだろうが、それを考慮した上で、なおかつ共通の尺度 ── 子どもから大人への成長段階をしめす目もり ── を考えることはできるのだろうか」（岩田 1985 p.3）という問いかけのもとに、各社会における子どもの存在を通文化的に検討した「子ども文化の文化人類学的研究」（1982年から6年間）が国立民族学博物館で実施されたのは、80年代半ばのことである。その成果シンポジウム（1984年）は5日間にわたって開催され、実に39人もの人類学者が、各々のフィールドでの調査経験に基づく「子ども文化」についての議論をしている（岩田 1985）。その大半の人類学者は普段から子どもを研究対象としてきたわけではないけれども、調査地に住み込んで長期のフィールドワークをするとき、「子ども」とされる人間はどこの社会にも存在する。そこで、彼ら彼女らが社会のなかでどのように見られ、

またどのようにふるまっているかに着目してみると、その多様性と普遍性が見えてくるというのである。

　この80年代の議論からすでに40年が経とうとしている。40年間といえば、当時まだ生まれたばかりだった赤ん坊もすでに次世代を育てていてもおかしくない。「子ども」とは誰かという問いは今の時代にも共通しており、80年代の「子ども」への関心は、ある面においては通時的普遍性を有している。一方、「社会のなかの子ども」として子どもを見たとき、その前提となる社会は大きく異なっている。人間を文化社会的存在としてみる人類学の「子ども」へのまなざしは、当然ながら社会の変動の影響を強く受ける。80年代と現代の相違を端的に述べるならば、グローバル化の波のなかで社会間の影響関係が劇的に増したことだろう。

　そこで、本章では、80年代の「子どもの人類学」を受けて、現代社会のなかで私たちは「子ども」をどのように捉えればよいかを検討する。まずは80年代日本の「子どもの人類学」の社会背景を概観したうえで、現代社会との相違変容を考える。そして、現代のグローバル化のなかで「異文化の子ども」[1]をどのような視点から知覚しうるか、その可能性について考える。その際に、筆者が研究の対象としているバングラデシュの「子ども」研究を事例とし、そこからいかに「子ども」を考えうるかを検討する。

2　80年代日本における「子どもの人類学」

　まずは、1980年代に日本で議論が盛んとなった「子どもの人類学」について概観する。

　自らが生まれ育った社会とは異なる地に出向き、そこに長期滞在し、当該社会の擬似成員となって参与観察（フィールドワーク）することを調査の手法とする人類学は、一貫して現地の人びとの視点に寄り添うことに努めてきた[2]。1980年代当時の日本における人類学に対する社会的需要は、こうした相対主義的立場からの異文化理解の推進にあったと言ってよい。当時の社会背景を振り返ると、1970年に大阪万博が開催され、また60年代に解禁された海外旅行が70年代に入って一般化し、人びとの「世界の民族文化」への関心が高まった時代である。フィールドワークを研究手法にしていた人類学者たちは、戦後、

一般の海外旅行者よりも早くに「未知・未開の地」に渡って異文化を研究した。彼らは学術書物や論文だけでなく、一般の人びとにもよりわかりやすいかたちで世界の文化を紹介することに努めた。

　人類学者たちが各社会の人びとの営みを一般の人びとに向けて提示するとき、対象社会の人びとの暮らしを、「インドの人びとの暮らし」というように、簡潔にわかりやすくする必要があった。各社会の多様性を考えたとき、人類学者が出会った「村」の代表性の限界はしばしば問題となったが、しかし人類学・民族学があえて一般化して提示する意図が、異文化から自文化に対しての相対的気づきを促すことにあったとすれば、その意図自体は一定の成果をもたらしていたと言える。

　こうした人類学・民族学のなかで「子ども」をテーマとしたのが「子どもの人類学」である [3]。人類学は、その対象とするテーマや方法によって「歴史人類学」「経済人類学」「開発人類学」あるいは「映像人類学」などといった下位分野を設定しうる。そのひとつと言える「子どもの人類学」は、1920年代にアメリカでルース・ベネディクト（1887-1948）やマーガレット・ミード（1901-1978）らによって提示された「文化とパーソナリティ」研究を発端とし、人格形成における文化的要素がその関心となった。彼女たちが着目したのは親子関係をはじめ子どもをめぐる人間関係や育児方法、またジェンダー規範をはじめとする社会規範を子どもたちがどのように習得しているかという社会化の過程であった。さらに、その後の研究者たちによって、社会規範の習得だけでなく各集団の一員としてのアイデンティティを獲得する過程を意味するビカミング（Becoming）研究も盛んとなった [4]。1980年代にはアリソン・ジェームズ（James 1983; James et al. 1998）などによって「子ども」を能動的な社会のアクター（行為者）として捉える動きも盛んとなり、「子どもの人類学（Anthropology of Childhood）」がひとつの人類学分野を成すようになった。

　日本でも「文化とパーソナリティ」研究は戦後早くから取り組まれた（祖父江 1976など）。さらに、社会化の議論から「文化の継承者としての子ども」への着目と、子ども期の人間の創造性に注目して子どもの世界を大人社会の異文化と見てそれを探る「異文化としての子ども」への着目が交錯しながら議論された。この2つの「子ども」を見る視点に、世界のさまざまな社会における「子ども」の多様性と通文化的普遍性を掛け合わせた議論が、冒頭で紹介したシンポジウムでの議論に示された「子ども文化の人類学研究」である。世界の

子どもたちの事例から「子ども」一般を考える視点は、人びとからの強い関心を集めた。その背景には当時の日本の「子ども」「子育て」をめぐる問題が仮想敵となっていた。

　その代表的な書物として、カナダに暮らすヘヤー・インディアンの社会で調査をした原ひろ子によって書かれた『子どもの文化人類学』（初版1979年）は、32版（2005年）を数えるほど多くの読者を引きつけた。本書は1章から27章までであり、各章ではヘヤー・インディアンをはじめ各国各社会の子どもや子育ての様子が易しい文体で紹介されている。もとは『のびのび』という育児雑誌に連載されていたコラムをまとめた本である（原 1979 pp.203）。そのあとがきで原は、「いろいろな社会の子育てについて見たり聞いたりしていますと、子どもの育ち方は社会によって多種多様であり、またひとつの社会の中でも百人百様であるということがわかってきます。そのおかげで、自分の子どもがちょっと変わっていたり、ある面での発育が少しおくれていたりしても、あせらず眺める気持ちにさせられているようです」と述べている（原 1979 pp.205）。本書が一般の読者に広く読まれたのはまさにこの点にある。戦後生まれの団塊世代は高度経済成長のもとで農村から都市へ移動し、都市で核家族生活のなか子育てをする母親たちの間では、育児書が普及した。しかし育児はマニュアル通りにはいかず、多くの母親たちが子育てに悩むなか、子育て自体を相対的に捉えることを促す本書への社会的需要は大きかったのである。

　このように、80年代の異文化に対する関心と、日本社会における大きな社会変容のなかで、人類学者たちは異文化を紹介し、それを通して自文化に対する相対的気づきを提示することで社会の需要に応えた。

　その後、この40年の間に、人と情報の移動が急激に増し、人類学に対する社会からの要請も大きく変わりつつある。グローバル化のなかで社会は流動性を増し、相対化の対象とされるべき自社会の問題は多様化し、一概に相対的視点を提示するのは難しくなっている。また、グローバルに諸社会が結びつき、「異文化の子ども」は遠い存在ではなく、直接間接に私たちとつながっていることが自覚されるようになっている。さらに、徹底した相対主義のもとで進められる「異文化（の子ども）理解」は、時に極度な貧困など子どもたちの身体が危険にさらされるような社会問題を見過ごしてしまうこともある。

　次節では、現代のグローバル社会のなかでの「異文化の子ども」に対する人類学的視角について、考えてみたい。

3 グローバル時代の「子ども」へのまなざし

グローバル化が進行する現代社会においては、各社会の固有性を固定的に捉えることは、もはや不可能と言える。「グローバル」の対概念として「ローカル」を用いるならば、グローバルな流れのなかで各ローカルの特性を考慮するという意味での「グローカル化」に着目することはできても、「純粋なローカル」なものなど存在しないと言ってよい。人類学において便宜上用いられてきた「異文化」と「自文化」という対比は、ローカル対ローカルではなく、どちらもがグローカルな状態として、遠かれ近かれどこかでつながっている。

また、子どもたちをとりまく社会状況の劇的な変化は、「子どもの人類学」の関心にも変容をもたらした。人びとの国際移動や国際結婚にともない、学校の教育現場に多文化状況が見られるようになると、子どもに関する人類学の関心は子どもの異文化適応など、より実践的な問題関心を扱う「教育人類学」へとシフトしていった。また、応用人類学や実践人類学と呼ばれる分野で貧困や紛争の課題に向き合うようになると、そのなかの対象に社会的弱者としての子どもが含まれるようになった。

つまり、現代社会の「子どもの人類学」は、「異文化」「自文化」という対比のなかで相対的に「子ども」を捉えるというよりは、「子ども」をめぐる価値の共有やグローバル社会における格差のなかで、「多様な（状況におかれた）子ども」をどう考えるかを議論する時期を迎えている。

3-1 「子どもの権利」という価値基準

80年代の「子ども理解」に大きな影響を与えた代表格がアリエスによる「〈子ども〉の誕生」であったとすれば、90年代以降の「子ども理解」あるいは子どもたちの実態にも大きな影響を与えたのは、「子どもの権利条約」だと言えよう。各社会の子どもの多様性を覆うかたちで、どのような社会状況下に生まれようとも個々の子どもは一個人として基本的権利を有する揺るぎない存在であり、社会（大人）の側は子どもに対してそれら基本的権利を保障しなければならないとされた。そのなかには近代学校教育も含まれる。国際移動と国

際結婚が増し、生まれたときから国家を跨いで生きる子どもたちにとっては、どこにいようともその基本的権利が保障される「子どもの権利条約」は重要な役割を果たす。

　加えて、この一定の人権基準が満たされていない子どもたちは「かわいそうな子どもたち」とされ、当該社会で権利が保障しきれない場合には国際社会からの手が差し伸べられる。これに貧困対策と開発を国際協力のもとで進める動きが関わっていることは言うまでもない。国際協力もまた、他者救済から「宇宙船地球号に乗る運命共同体」思想のもと、グローバル社会の格差是正において先進諸国が担うべき任務と理解される。

　「子どもの権利条約」や「宇宙船地球号」というグローバル規模での価値の共有がなされることによって「救われる子ども」がいることは確かである。しかし、多様性の理解と価値の共有のバランスはそう簡単ではない。グローバル規模での価値基準に偏りすぎると、各々の子どもがおかれている状況やローカルな「子ども」観に対する見解は、かえって相対的理解を欠く兆しさえある。たしかに、今そこでその子の命が守られるかどうか、という状態に対して相対的客観視だけで果たしてよいのかと問われれば、人道的疑問もある。しかし、たとえば筆者が調査の対象としてつきあっているバングラデシュの、経済的には貧しいが共同体機能的には豊かな社会で生きる子どもたちが、グローバルな価値基準による「あるべき子どもの姿」にそぐわないからといって「かわいそうな子どもたち」にされてしまうことに、筆者は時折疑問を覚えるのである（南出 2009）。相対的でもなく画一的でもない「子ども理解」とは、どのように考えればよいのだろうか。

3-2　価値の共有が進むなかでの多様な子どもたちへの視角

　「子どもの権利」という価値が共有されるなかで、各社会の子どもたちは概念的にも実態的にも少なからず影響を受けている。価値の共有によって救われる子どもたちもいれば、かえって多様性を否定される子どもたちもいる。ではグローバル時代の異文化の子どもたちに、私たちはどのようなまなざしを向ければよいのだろうか。以下、3つの視角を提案したい。

　ひとつは、各々の子どもの人権確保に関わるアクターの問題である。子どもたちが単に社会の再生産を引き受けるのではなく、教育をはじめとする外から

の働きかけが積極的になされるようになると、グローバルなネットワークのなかで陰に陽に子どもたちに降りかかる影響が出てくる。そのネットワークのなかには人類学者自身も含まれることに、人類学者が自覚的になってみるということである。

2つ目は、共有される価値の影響を受けるなかで起こる変化のプロセスの多様性に目をやってみる。グローバル化の影響が既存社会の価値と合わさって独自のグローバル化社会を形成するという意味でのグローカル化現象は、多かれ少なかれ各々の社会で起こっている。その顕著な例が、近代教育制度の各社会におけるインパクトの多様性であろう。この変化のプロセスの多様性のなかで「子ども」を見てみる。

そして3つ目は、変化のプロセスが他の社会とはなぜどのように違うのかを問うてみることである。人類学者がなぜその対象を研究の対象とし、そこにどのような関心を示し、どのように読み取るかにおいては、おのずと自らの経験が重なる。ましてや「子ども」を対象とする際には、異なる社会と時代の子ども期を経験した人類学者は自らのなかに内在化した子ども理解を再考できるだろう。このような、単純な異文化による自文化の相対化とは異なった、自己反省的・再帰的なプロセスをともなう認識から「異文化の子ども」と自らのつながりを考えていくことができるのではないか。

次節では、この3点の提案を、筆者が長期的に研究しているバングラデシュの「教育第一世代」の子どもたちの経験を例に、検討してみたい。

4 バングラデシュの教育熱を考える

4-1 バングラデシュの概要

バングラデシュにおける「子どもの人類学」の可能性を考える前に、バングラデシュについて簡単に紹介しておきたい。バングラデシュは、南アジアの東端、インドとミャンマーの間に位置し、国内を流れる3つの大河が南のベンガル湾からインド洋に注ぐ、デルタ地帯にある。人口は2019年現在1億6千万人を超え、その約9割をムスリム（イスラーム教徒）が占める。国土は日本の約4割程度で、人口密度は世界一とされる。

1947年までのインド英領期、その後1971年まではパキスタンの東翼（東パキスタン）期を経て、1971年に現在の国家としてのバングラデシュが成立した。独立後のバングラデシュは、デルタ地帯特有の自然災害と独立戦争の痛手により困窮状態で国家をスタートさせた。政府の力が弱いなかで、国家のイニシアティブを待たず、NGOを中心に市民社会が貧困救済から農村開発、社会開発への歩みをリードしたところに国民国家としての特徴がある。政府が独立後1975年から1990年まで軍事政権下で閉じた国家政策を進める間に、NGOは国際社会からの直接支援を受けて成長していった。特に、農村開発や基礎教育、簡易保健医療といった人びとの生活の基本的ニーズに対する国際社会の関心は強く、20世紀終わりまでは「アジアの最貧国」というレッテルの下、開発援助が集まった。そうしたなかで各NGOは、人びとにとっても組織にとっても自助努力を促しうるマイクロクレジット（貧困層女性に家内起業を促す無担保小口融資）をシステムとして築き上げ、全国に普及させた。

　2000年代ごろまでは開発の流れが主流であったが、2010年代に入ると一気に経済発展にシフトしていく。経済システムのグローバル化が加速化すると、その底辺を支えるごとく、バングラデシュの豊富な低年齢人口による低賃金労働力が期待を集めた。具体的には輸出型アパレル産業（大量生産型のファストファッション）と、海外出稼ぎ単純労働である。また、それらをビジネスチャンスとする新中間層の成長も著しく、経済格差が深刻化している。

　筆者はこうしたバングラデシュの状況を、2000年から継続して調査している。具体的にはバングラデシュ北部の農村で、後述する「教育第一世代」が小学校に通っていたころ（2000年から2004年）に長期フィールドワークを開始し、彼ら彼女らの村落社会での社会化の過程に学校教育がどのようなインパクトをもたらしているかに注目した[5]。その後もその子どもたちを追跡し、現在は20代半ばとなった彼ら彼女らの生活戦略からこの「世代」の特徴を検討している。

4-2　さまざまなアクターによる「教育第一世代」の誕生

　1990年にタイのジョムティエンで開催された「Education for All（万人のための教育）世界会議」は、どのような社会に生まれようともすべての子どもたちが基礎教育を受けることを促した。発展途上国をはじめとする多くの社会が

これに賛同し、国際社会からの支援も含めて教育普及への取り組みを強化した。バングラデシュでも1971年の独立以降、開発の流れのなかで教育普及は重要課題とされ、政府やNGOによって取り組まれてきた[6]。Education for All 世界会議より少し前の1980年代後半にNGOによるノンフォーマル教育普及運動[7]が開始されると、都市貧困層や僻地農村などそれまで学校に縁のなかった層の子どもたちも、学校に通うようになった。1980年代後半から2000年代に生まれた子どもたちの多くは、通学経験がほとんどない親世代に対して、家庭のなかで初めて学校に通うようになった「教育第一世代」である。

　筆者が調査の対象としてきた子どもたちの親の大半は農業に従事しており、学校に通った経験がほとんどなかった。筆者が調査のために通っていた小学校は、現地のNGOによって1991年に始められたノンフォーマル学校で、村の女性が教師を務めていた。教育第一世代の子どもたちに見られた特徴は、「学校のことは子どもの方が知っている」という親の認識のもとで、比較的自由な子ども期を過ごしていたことである。子どもたちは、子どもたちなりに学校を理解し、子ども同士のけんかを理由に簡単に別の学校に行ったりする。

　この学校はバングラデシュ人によって創設されたNGOが運営しているが、経済的には日本のNGOから支援を受けていた。学校では教師や子どもたちは、自分たちの学校が日本からの支援でできたこと、そして筆者が日本から来ていることも、よく知っていた。筆者は、彼ら彼女らの社会化の過程や学校に通う様子を子どもたちの立場から理解することに努めていたが、筆者の立場は、学校普及の是非に対して完全に中立ではなく、むしろ学校普及を応援する立場であり、直接間接に子どもたちの教育に関わっていると言える。

　子ども期から若者期を経て、すでに第2世代を育成しているかつての子どもたちにとって、学校での教育経験は生活にどのような変化をもたらしているか、それを彼ら彼女たちはどのように受け止めているか。さらに、彼らを「世代」という視点から見た場合、この世代の経験がバングラデシュ社会にどのような社会変動をもたらしているかを考えると[8]、学校普及が単なる制度設計ではないことがわかる。Education for All という教育イデオロギーの世界的な共有が、バングラデシュの子どもたちの生活世界に学校をもたらし、親世代から受け継がれる価値と新たな価値の狭間で子どもたちは生きている。さらに言えば、バングラデシュの学校普及には日本の一市民も関わっていて、それをバングラデシュの村の子どもたちも実感しているというのが、現代のグローバル社

会なのである。

　本章2節で述べたように、人類学は「当事者の視点」に常に寄り添う姿勢を維持してきた。教育の普及という通文化的な動きをバングラデシュの子どもたちが「教育経験」としていかに受容しているかという視点に加えて、そこに外部からの人類学者もまた関わっているという「関わりの視点」からバングラデシュの子どもの現状を見るのが、グローバル時代の「異文化の子ども」への第一の視点である。

4-3　グローカルな変化のプロセス
──教育経験の先にある不確かな展望

　バングラデシュで小学校を卒業した子どもたち（初等教育就学修了率約90%）のうち約6割が中等教育に進むが、その半分以上が前期中等教育（10年生）を終えるまでに学校教育から離脱する。前述のように、経済成長下にある現在のバングラデシュ経済を支えている主要産業は、輸出型アパレル生産業と海外出稼ぎ者の単純労働による海外送金である。都市部に急増する縫製工場で働く労働者の大半は農村から出てきた20代の若者たち、つまり教育第一世代の彼らであるが、学歴は賃金や労働環境にほとんど差をもたらさず、小学校中退者も中等教育修了者も最初は同じ条件で働く。都市部に伝手のない教育第一世代にとっては縫製工場での労働がほぼ唯一の非農業労働の機会である。そのため筆者が子ども期から見てきたある青年は、後期中等教育修了後に都市部の縫製工場での仕事に従事する際に、「苦労して勉強したのに小学校5年生卒の者と同じ仕事をするのは辛い」と語っていた。

　しかし、学歴が経済活動に直接的効力を発揮しないからといって、彼ら彼女らが教育経験を否定することはない。別の青年は、「よりよい生活を獲得するために教育を受けたんだ」と言い、都市部での労働に満足はしていない分、農村社会での将来設計を考えている。専業農家を営んできた親世代とは異なり、教育経験は彼らに農業以外の可能性への希望をもたらし、農村で暮らすにしても、市場ビジネスにつながる糧を模索しようとしている。その将来像はぼんやりとしたものであるが、親世代の生活とは明らかに異なる。この意味において、彼ら彼女らは「教育は自らの生活の糧になるもの」というイデオロギーを受け入れている。

さらに、この教育イデオロギーの浸透は、教育第一世代の若者たちに教育ビジネスの機会をもたらしている。大衆初等教育が、政府、民間、NGOという多様な担い手によって、就学率という数のうえでの浸透を達成させつつあるなかで、政府は質の保証を目指した制度整備を進めている。現在バングラデシュでは初等教育5年生修了時、中等教育の中間8年生と10年生修了時、さらに後期中等教育12年生修了時に全国統一試験が実施され、各試験の合格資格がなければ上位に進学できなくなっている。この試験に合格すること、よりよい成績で合格することが目標化されると、都市部農村を問わず教育ビジネス（私塾）が流行している。さらに、公立学校の脆弱さが、質のよい教育を受けるにはお金をかけて私塾や私立学校に通わせることを意識させると、教育イデオロギーの浸透はさらに教育ビジネスを助長する。

　この教育ビジネスを、特に農村部で担っているのが、教育第一世代の若者たちでもある。高等教育における都市と農村の質的格差が大きいなかで、都市部の大学では従来からのエリート教育が拡大する傾向にある一方、農村出身の若者たちがその競争に参加するには、特に社会的ネットワークの面で限界がある。農村での教育ビジネス（私塾）は、こうした適切な職がないなかで高等教育を受け続ける農村の若者たちの生活戦略となっている。彼らは若者期という人生の移行期において、次世代（教育第二世代）の育成というよりは、いわば「1.5世代」を対象とした教育ビジネスを、彼ら自身の一時的な糧としているのである。

4-4　「教育第二世代」への期待に対する再帰的認識

　教育に対する具体的な感覚を得た教育第一世代の彼ら彼女らのなかには、すでに次世代を生み育てている者もいる。教育第一世代の親との関係と、教育第一世代の子どもとの関係における顕著な違いは、親世代に見られた「学校のことは子どもの方が知っている」という感覚の変化である。彼ら彼女らは、自らの経験から、学校に対する具体的なイメージをもって子どもが通う学校を選び、さらに、農村から都市への移住を経験するなかで「都市の教育の方がよい」という価値観を得て、自らの子どもの教育に向き合っている。教育第一世代の教育経験が社会階層上昇に結びついているかといえば今のところ限界がある（Minamide 2018）が、その分、彼ら彼女らの子どもたちへの期待は、教育

イデオロギーの後押しもあって助長される。

　この世代関係を筆者が直観的に共有するのは、筆者自身が「第二世代的立場」にあるからではないかと思う。高度経済成長下の日本で農村から都市部に移住してきた戦中戦後生まれの両親のもと都市部の下町で育った筆者は、親世代の農村での子ども時代とは異なる子ども期を過ごしながら、親が抱く教育イデオロギーの期待を背負ってきた気がする。もちろん日本の1960年代の高度経済成長期の都市移住者による1980年代の子育てと、現在のバングラデシュにおけるグローバル経済の影響を強く受けた経済成長下の都市移動および子育てを、安易に比べることはできないが、自らの経験と照らし合わせてみることで [9]、何が異なり何が共通するのかを実感として感じ取ることができる。そこに再帰的自己認識を得ながら、かつ対象社会の「未来予想図」を描いてみることも、「グローバル時代の子どもの人類学」の可能性として提示できるだろう。

5　おわりに
── グローバル時代における「異文化の子ども」への視角

　「かつて誰もが子どもだった」という認識は、意識的にも無意識的にも自らの子ども時代の原風景から現役の子どもを捉えようとする問題を含み、またどの社会にも「子ども」とされる人間はいるという認識が、子どもの「あるべき姿」を通文化的に当てはめてしまう。この問題に相対的な視点からの問いかけをしたのが80年代の「子どもの人類学」であった。この相対化の社会的意義は、自文化に客観的になり、「子どもの問題」を相対的に捉えることにあった。これに対して、現代のグローバル化社会では、異文化と自文化という二項対立では捉えられない混合性と、「子どもの権利条約」といった大風呂敷の価値の共有が陰に陽に各社会の子どもたちに影響を及ぼしている状況のなかで「子ども」を捉えることが求められている。

　こうした現代社会において私たちは「異文化の子ども」をどのように捉えればよいか、またそこにどのような意義があるのかを、本章では検討してきた。これに対する提案として、本章では、まず人類学者が、対象とする子どもを理解する際に、子どもたちの生活にはローカルとグローバルのさまざまなアク

ターが関わっており、より広い文脈においては調査者自身も少なからず影響を
与えていることに自覚的になること、次に、グローカルな現象に注目すること、
さらに、自己の関与とグローカルな視点を知覚することでの「子ども」理解に
おける再帰的自己認識の可能性を提示した。各々の社会が互いに頼り影響を及
ぼしながら成立している現代社会では、子どもたちの世界も同様に、多様な影
響のなかで成り立っている。そのなかでの「子ども理解」および「子どもの問
題」への対応には、相対的でも画一的でもない視点が求められる。また、そう
した視点から日本の子どものおかれている状況を見ることで、問題の新たな理
解が提示される可能性も帯びている。

付記

　本書刊行準備中の2019年10月7日に、本章で紹介した原ひろ子先生が85歳でご逝
去された。80年代の子ども研究を文化人類学の立場から牽引された先生の多大なる
ご功績に、この場を借りて敬意と感謝を述べたい。

注

[1]「異文化の子ども」という表現には、子どもを大人とは別の文化を実践する存在として議論
　する「異文化としての子ども」（本田 1982）という視点と、調査者が属する社会とは異なる社
　会文化で暮らす子どもという視点の両方を含意するが、本章で「異文化の子ども」と記す場合
　には後者を意味する。前者については「異文化としての子ども」と言及して差異化する。
[2] 読者のなかには人類学や民族学という学問に馴染みのない人もいるだろうが、多くの入門書
　が出ているのでそれらを参考にされたい。
[3]「子どもの文化人類学的研究」の流れについては松澤・南出（2002）で紹介している。
[4] Becoming の議論はさまざまな地域で展開されるが、本格的な子どもの民族誌としては
　Morton（1996）などがある。
[5] バングラデシュにおける子ども研究の詳細は南出（2014a）を参照されたい。
[6] バングラデシュの教育の歴史および現状については押川・南出（2016）第3章を参照された
　い。また「教育第一世代」についても同書第14章で詳細を議論している。
[7] 学校のない農村を中心に、地域の女性を教師としてトレーニングし、教師1人につき生徒30
　人1クラスの学校を展開するシステム。バングラデシュの大規模NGOであるBRACによって
　紹介され、その後多くのNGOがこの運動を展開した。
[8] これらの詳細については本章の主旨ではないため省略するが、関心のある人は別稿（押川・
　南出 2016の第14章、南出 2017, Minamide 2015, Minamide 2018など）を参照していただきたい。
[9] 詳細は別稿「経済成長下の若者の都市移動 ―― 「わたし語り」の人類学の試み」で議論し
　ている（南出 2014b）。

参考文献

Ariès, P. (1960) *L'enfant et la vie familiale sous l'Ancien Régime*. Plon.（アリエス／杉山光信・杉山恵美子（訳）(1980)『〈子供〉の誕生：アンシァン・レジーム期の子供と家族生活』みすず書房）

岩田慶治（編）(1985)『子ども文化の原像：文化人類学的視点から』日本放送出版協会

押川文子・南出和余（編著）(2016)『学校化する南アジア：教育と社会変容』昭和堂

James, A. (1983) The structure and experience of childhood and adolescence: An anthropological approach to socialization. Doctoral thesis, Durham University.

James, A. & C. Jenks & A. Prout (1998) *Theorizing Childhood*. Polity.

祖父江孝男 (1976)『文化とパーソナリティ』弘文堂

原ひろ子 (1979)『子どもの文化人類学』晶文社

原ひろ子 (1989)『ヘヤー・インディアンとその世界』平凡社

Benedict, R. (1934) *Patterns of Culture*. Houghton Mifflin.（ベネディクト／米山俊直（訳）(1973)『文化の型』社会思想社）

本田和子（1982 [1992]）『異文化としての子ども』ちくま学芸文庫

松澤員子・南出和余 (2002)「文化人類学における子ども研究」『子ども社会研究』8: 137‐142.

Mead, M. (1928) *Coming of Age in Samoa: A psychological study of primitive youth for western civilization*. William Morrow & Company.（ミード／畑中幸子・山本真鳥（訳）(1976)『サモアの思春期』蒼樹書房）

南出和余 (2009)「開発に巻き込まれる『子ども』たち：バングラデシュ農村社会における『子ども』の定義をめぐって」信田敏宏・真崎克彦（編著）『東南アジア・南アジア開発の人類学（みんぱく実践人類学シリーズ）』(pp.185‐200) 明石書店

南出和余 (2014a)『「子ども域」の人類学：バングラデシュ農村社会の子どもたち』昭和堂

南出和余 (2014b)「経済成長下の若者の都市移動：『わたし語り』の人類学の試み」『桃山学院大学総合研究所紀要』39(3): 91‐108.

南出和余 (2017)「貧困世帯の生活：農村から都市へ、経済発展を根底から支える若者たち」大橋正明他（編）『バングラデシュを知るための66章〔第3版〕』(pp.335‐339) 明石書店

Minamide, K. (2018) Seeking new life in Bangladesh: Do rural migrating youth "urbanize" after moving to the city? *Nrivijnana Patrika* (*Journal of Anthropology*), *23*: 11‐26, Bangladesh.

Minamide, K. (2015) The first educated generation as "Social Transformers" in rural Bangladesh: An overview from their childhood to adolescence in a village of Jamalpur. *Nrivijnana Patrika* (*Journal of Anthropology*), *20*: 33‐51, Bangladesh.

Morton, H. (1996) *Becoming Tongan: An ethnography of childhood*. University of Hawaii Press.

第**3**章 子ども研究における「構築」とは何か
── 児童虐待問題の歴史

高橋靖幸

1 はじめに

　子どもは常に私たちのそばにいる。その存在は、何ら疑いを挟む余地などないほど自明なものだ。私たちは、子どもとはいつの時代にも、また国や文化が違ったとしても変わらない、何か共通の性格を有した、普遍的な存在であると想定するようにして日々の生活を送っている。しかしながら、1980年代、そうした私たちの常識的な想定を揺さぶるような研究が次々と提出された。私たちの子どもに対するイメージは、何かひとつの統一的な「子どもらしさ」としてまとめられるようなものではなく、移りゆく時代やそれぞれの国の状況に応じて、そのあるべき姿や正しい姿を変えるような、いわば社会の変化のなかで「構築」される存在であることが積極的に論じられるようになったのである。

　この時代、子ども観の「構築」が論じられた背景には、子どもをとりまく日本社会の変化があった。1980年代になって、子どもの非行や犯罪、学校での校内暴力やいじめの問題等が大きくクローズアップされたのである。新聞や雑誌、テレビなどは連日のように子どもの事件を重大な社会問題として報じ、それが人びとの子どもに対する不安をさらに増幅させた。犯罪者という「子どもらしさ」のイメージからはかけ離れた現実の子どもたちの姿に、人びとは「最近の子どもはわからない」「子どもが変わってしまった」と嘆きの声を上げたのである。

　子ども研究の一部は、そうした社会状況に対して、そもそも私たちの社会が想定している「本来の子ども」の姿とは何なのかと問うことで、現況の子どもの問題に冷静に対応するよう警鐘を鳴らしたのである。それらの研究は、子どもに対する理解の仕方は時代や国のあり方によって変化する「社会的な構築

物」であると明に暗に論じ、現代の子ども問題に対しても普遍的な「本来の子ども」という想定から一定程度の距離をとって考える必要があることを示唆するのだった。子どもの「構築」への言及は、子どもをめぐる一種の社会のモラルパニックに対して、冷静な状況分析の試みを人びとに促したのである。

　このようにして、子どもの「構築」という視角は、1980年代の日本の社会状況のなかで大きく注目された。そしてこの視角はまた、現在まで引き継がれていると言える。しかしながら、今日、子どもが「社会的な構築物」であると主張するのみの子ども研究には目新しさはすでにない。子どもが「構築」であるという知見はすでに広く認知されており、今や1980年代ほどのインパクトをもたない。さらに、子ども問題の関心は、この20年間で、子どもが犯罪の加害者である問題から、児童虐待や貧困といった、子どもを被害者とする問題へと広がりを見せている。単に子どもは「構築」であると論じて、子どもを相対的なまなざしで捉えようとする試みだけでは十分とは言えない状況となっている。

　本章では、子ども研究における「構築」という知見の潮流を振り返り、その問題点を明らかにする。そのうえで、今日の子ども研究が「構築」という視角により何を問題とすることができ、どのような研究を展開することができるのかを考えてみたい。

2　子ども研究における「構築」への視角

2-1　フィリップ・アリエス『〈子供〉の誕生』

　子どもは「社会的な構築物」であるという考え方が子ども研究のなかで採用されるようになった背景には、2つの大きな知の潮流がある。ひとつは、アリエスの著書『〈子供〉の誕生』（1960=1980）の翻訳出版である。アリエスは著書のなかで「中世の社会では、子供期という観念は存在していなかった」と指摘した。中世の伝統的な社会において、現在の子ども期に相当する期間は、自分ひとりではまったく何もすることのできない非常にか弱い状態で過ごさなければならない期間に切り詰められていた。そして子どもは、自分の用を足すことができるようになると、社会から身体的に大人と見なされて「小さな大人」

としてほかの大人たちと共に仕事や遊びをして過ごしたのである。

　大人たちと常に生活を共にしていた中世の子どもは、自らの人生に必要な事柄のすべてを大人たちとの集団生活のなかで仕事や遊びをしながら学んで成長を遂げていた。すべての人たちの生活の中心は村などの共同体にあり、子どももまたその共同体で生きていくのに必要な知識や技術や道徳などを、仕事の場での徒弟的な修行を通じて直接身につけていったのである。そこには、大人になるための準備期間としての学校教育も、私生活の場としての家族も入り込む余地はなかった。

　こうした子どもの生活の状況に変化が訪れるのが15世紀から18世紀にかけて、近代という新たな時代を迎えてからであると言われる。それは近代的な学校教育制度と家族制度の成立と関係していた。時代とともに、子どもたちへの文化伝達は、徒弟的な修行に代わって、より広範な知識を教授する学校教育がその役目を果たすようになっていく。同時に、ブルジョワジーと呼ばれる新たに登場した社会階層の親たちがまた学校教育の重要性を認め、子どもを自分たちの手元において特別な配慮を払うようになっていった。このようにして子どもは、労働を中心とした大人たちの世界からは切り離され、教育と保護を受けるべきだという心性の広がりのなかで、大人とは異なる子ども独自の世界が作られ、そこに囲い込まれるようになっていくのだった。

　アリエスが明らかにしたこうした「近代的子ども観」の誕生の歴史は、子どもには時代や文化を超えた共通の特性があるという常識的な考え方に対する懐疑を私たちにもたらすものだった。アリエスの研究の知見は、子ども観とそれに基づいた子ども期は歴史的なもので、現在の私たちのもつ「子どもらしさ」のイメージは近代になって登場したという見方を広く人びとに知らしめることとなったのである。

2-2　構築主義

　子どもの「構築」を探求する研究を支えたもうひとつは、1960年代以降に注目されるようになった構築主義（constructionism）という社会科学の理論的な潮流である。構築主義は、現実とは人びとが普段の生活でさまざまに話をしたり、活動を行ったりすることのなかで日々築き上げられるという認識に立つ。そのうえで、さまざまな現実が実際に人びとの手によって、どのようにし

て生み出されているのかを探求することをテーマとしたのである。

　構築主義は、本質主義（essentialism）との対比で考えることができる。私たちは普段、現実は自明なものであるという感覚をもちながら生活をしている。世の中のあらゆる事物は何らかの決定的な性質を有しており、個人の主観に関係なく客観的に実在していると想定する。たとえば、子どもについて、私たちはわざわざ目の前にいる子どもをいちいち詳しく調べたり、何かの方法で証明したり、言葉を尽くして説明したりしなくとも、その存在を疑うことなく目にすることができる。そうしたことができるのは、その存在に「子ども」と呼ぶことのできる何か本質的で固定的な特徴や性質があり、そうした特徴や性質をもった子どもが社会のなかに実在していると想定するからである。本質主義は、こうした認識から現実を捉えようとする。私たちの現実感覚に則った認識である。

　それに対して、構築主義は、現実のもつ自明性はそれが客観的に実在するものであるから人びとにもたらされると考えるのではなく、「現実は客観的に実在する」と想定する社会の人びとが実際に日々の生活を送るなかで、そのあるべき姿を常に形作っている（＝構築する）ものと考える。この視点を応用すれば、「子どもは実際に目の前に存在している」という自明性は、子どもをかわいがったり、保護したり、教育したり、厳しくしつけたり、仕事をさせたりなど、社会の人びとの具体的な活動のあり方によってさまざまなかたちに構築されるのである。「生物学的な未成熟さは自然な特性であるし普遍的な特性であるが、子どもは人間集団の自然な特性でもなければ普遍的な特性でもない。子どもは多くの社会で固有の構造をもった文化的な要素として現れる」（Prout & James 2005 p.7）のである。こうした構築主義の認識は、アリエスの「近代的子ども観」の歴史性という指摘と呼応しながら、子ども研究に「構築」という重要な視角をもたらしたのである。

2-3　1980年代における「近代的子ども観」の問い直しの潮流

　こうして子ども研究は、アリエスと構築主義の知見をそれぞれ取り入れながら、私たちのもつ子ども観が歴史的なものであり、社会のなかで構築されるものであるという視角を獲得してきた。子ども研究は「子どもとは何かを問うのではなく、どのような観点から、またどのような目的で、子どもについて人び

とが話をしているのか」（Wyness 2006 p.18）をひとつの研究課題としたのである。

　1980年代、日本の子ども研究の一部は、こうしたアリエスや構築主義の知見に触発されながら、同時代の子ども問題を検討する研究を数多く提出した。たしかに、それらすべての子ども研究が「構築」を標榜していたわけではない。しかしながら、「構築」という言葉を実際に使うか使わないかは別にしても、子ども観が「社会的な構築物」であるという視角は、1980年代の子ども研究を進めるうえで強力な後ろ盾となっていた。なぜなら、先に言及したとおり、この時代、日本社会は自分たちの子ども観の問い直しを迫られる状況に直面していたからだ。「子どもがわからない」「子どもが変わった」という社会の動揺が、新しい子ども問題を読み解くための術を「構築」という視角に求めたのである。

　「構築」論に触発された1980年代の一連の子ども研究には、時代の要請に応えるという意味で一定の意義があった。しかしながら、それらの研究の方向性には今日的に見て問題もあったとも言える。1980年代の子ども研究の多くが、子どもの歴史性・構築性の視点を足掛かりに、「近代的子ども観」や「現在の子ども観」とは異なった、新たな子ども観を探求する道を切り開こうとした。現在の子どもの見方や存在のあり方が本質ではなく歴史的・社会的に構築されたものであるならば、それとは別様のよりよい子どもの理解の仕方もありうるはずだ、というように。だが、これらの議論は、子ども研究を展開するうえで「構築」という視角を適切に応用することができていたとは言いがたい。以下、その問題点を2つの角度から明らかにしてみよう。

3　子ども観の「構築」論を考えるための課題

3-1　「近代的子ども観」の問い直しがもたらす陥穽
──『異文化としての子ども』を例に

　「構築」という関心に立ちながら現在の子ども観の問い直しに向かう子ども研究の陥穽のひとつは、よりよい子ども理解の仕方として提案されたものが、結局子どもの本質主義的理解に陥ってしまうという問題にある。1980年代、

子どもの本質的な特徴とも言えそうな「発達」という観念さえも批判的に問い直し、新たな子ども観を探求した最も代表的な研究のひとつである、本田和子の『異文化としての子ども』(1982) の議論を検討することで、この問題を具体的に考えてみることにしたい。

　本田は、ときに曖昧であるはずの現実の子どもの姿のすべてを「発達」という合理的な理解の枠組みのなかに押し込めるような、現代の科学的な子ども理解を批判した。「20世紀の子どもたちは、科学研究の所産である数値によって理解され、大人たちは絶えず平均値を基準としながら、眼前の子どもの状態を理解・判断しようと」(本田 2003 p.122) してきたことに疑問が投げかけられたのである。

　そして、20世紀を通じて「科学」の名の下に排除されてきた子どもたちの姿とは果たしてどのようなものであったのかという関心から、「異文化としての子ども」という視角を提示したのである。つまりこれは、大人にとっては非合理的に感じられる子どもとの対面状況をいわば「異文化」との出会いとして捉え、そこから見えてくる子どもの姿を文化人類学的な手法により描き出していくことを試みた画期的な日本の子ども論であった。『異文化としての子ども』は、子どもは未熟で未発達な存在ではなく、大人とは異なるひとつの異文化を生きる存在として捉える、新たな子どもの理解のあり方を社会に提示したのである。

　子どもと大人の間に引かれた強固な境界線を塗り替え、その位置を戦略的に変えていくことにより、新たな子ども理解の可能性を具体的に提示した本田の『異文化としての子ども』が日本の子ども研究に与えた功績は計り知れない。しかしその一方、『異文化としての子ども』の試みは、子どもと大人の間にどれだけの差異があるのかを掘り起こす作業であり、結果として、子どもの「異質性」を大人にとっての絶対的な差異として新たに規定することにもなっていたように思うのである。

　子どもの特徴を「発達」に代わる新たな視点から読み解こうとする『異文化としての子ども』の探求の動機は、「子どもと大人は性質を異にしている」という前提にある。『異文化として子ども』は、子どもの非合理性を「発達」という合理的な理解の枠組みのなかで説明する研究者の態度を批判する一方、大人にとって非合理的に映る（＝大人とは異なる）何かを子どもは備えていることを前提とするのである。すなわち、子どもの特徴を「発達」として探求する

研究も、その「発達」の観念を批判して子どもの特徴の読み替えを試みようとする研究も、「子どもと大人は性質を異にしている」と考え、そこから説明を出発させる点については共通するのである。

　こうした前提に立っている『異文化としての子ども』が説得力をもてばもつほど、子どもの「異質性」は自明なものとなっていく。『異文化としての子ども』は、科学的な子ども観を批判し、それに代わる新たな子ども観を提示するが、逆説的なことに、その自らの試みは「子どもとは本来的に大人とは異なる存在だ」という想定を強化し、結果的に、もともと批判の的であったはずの「近代的子ども観」をリアリティのある子ども理解として間接的に同定することになってしまう。なぜなら「近代的子ども観」もまた、子どもの「異質性」を説明するひとつのバージョンだからだ。つまり、子どもの「異質性」を説明する「異文化としての子ども」論は「近代的子ども観」と足場を共有しており、そこから一歩も足を踏み出してはいないのである。

　しかしそれは、子どもの「構築」という視角や関心から直接導かれる陥穽ではない。構築主義の学問的系譜は、長い間、「構築」とは何かを繰り返し問うたり、後述するように「構築」の指摘にともなう政治や倫理の問題を議論したりしてきた。むしろ問題は、このような構築主義の系譜に学ぶことなく、今ある子どもと大人の関係性を「構築」と見ながらも、その区分を当然視し、子どもの「異質性」を前提としながら、新しい子ども観の探求に向かった子ども研究の関心のあり方にある。アリエスと構築主義を背景とした1980年代子ども研究の「構築」への着目は、一見すると同時代の子ども観を自明視することから脱却しているかに見えるが、その関心がひとたび「近代的子ども観」の問い直しに向かった途端、子どもの本質性を強化する結果をもたらすこととなったのである。今改めて、「構築」という視角を応用させた子ども研究の展開を考える必要がある。

3-2　子どもの「構築」を研究することにともなう 政治と倫理の問題

　この点は「新しい子ども社会学」という潮流を打ち立てたアラン・プラウトとアリソン・ジェームズが1990年に出版した編著『子どもの構築と再構築』（James & Prout 1990/1997/2015）の巻頭論文「子ども社会学の新しいパラダイ

ム？　その経緯と見通しと課題」（Prout & James 1990/1997/2015）のなかで言及する、子どもを研究すること、特に子どもを社会的文化的な構築物として理解する研究にともなう政治と倫理の問題につながるものと考えられる。

　プラウトとジェームズの主張は次のようなものであった。たしかに、子どもの社会的な構築のあり様を明らかにする研究は、私たちの常識的な子どもの理解を大きく揺さぶるものとなる。しかしそうした子どもの経験的研究が、今ある子どもの社会的な状況や社会の子ども観を問い直すことに成功し、その問題性を明るみに出すことができたとしても、そこには子ども研究ならではの別の問題が生じてしまう。少し長いが、彼らの主張をそのまま引用したい。

　　　たとえば、子どもの性的虐待への近年の関心は、子どもを性的搾取から保護する要求に集中している。しかし、キッツィンガーが主張するように、こうした子どもの保護を確立する多くの実践はそれ自体子どもを受け身的な被害者とする伝統的な子どもの見方を承認することにより、彼らを無効化させ脱権力化させている。では、われわれ研究者はこれらの子どもに関する想定を問題視すると同時に、どのようにして児童虐待との戦いに寄与することができるのか。より一般化して言えば、子ども社会学は、自らが必然的にともなうことになる政治的問題と倫理的問題にセンシティヴでありながら、研究をどうやって実践していけるのか。（Prout & James 2015, p.25）

　「構築」という視角からのある子ども観の問い直しが、別の子ども観の本質化につながり、現実の問題の子どもたちをより困難な事態に追い込むような状況をつくり出しかねないのである。ここで示されるのは、「近代的子ども観」や「現在の子ども観」を問い直す経験的研究が、その研究の成果として新しい子ども観を立ち上げることに成功するとしても、それが既存の問題状況から子どもを解放するどころか、問題をさらに複雑化してしまう可能性があるという厄介な課題である。彼らは、論文のなかで、これからの子ども研究においては「これらの課題を惹起し、論争を促し、そしてその解決への提案を行う」（Prout & James 2015 p.25）必要があることを主張した。しかしながら、その議論はいまなお棚上げされたままの状態であると言える。こうした問題と真摯に対峙していくためにも、子ども観の「構築」の研究のこれからを今ここで考えていく必要がある。

4 子ども観の「構築」論の更新に向けて

4-1 子ども研究において二分法的な理解から 距離をとることの意義

　今日、「子どもは社会的な構築物である」と声高に主張することそれ自体に、もはや大きな意味はない。その主張は、「近代的子ども観」の問い直しが求められた1980年代には子ども研究を動機づける視角として力を持ちえたのかもしれない。しかしそうした問い直しの研究の多くは子ども観の「構築」の視角を誤用しており、研究者自身が子どもと大人の差異をそのまま無批判に、子どもを説明するための資源として使用してしまう点に問題があった。それは子どもという存在を本質化し、子どもの理解をひとつの見方にとどめ、ある意味で子どもに対する現実の理解を限定的なものにしてしまう、自らの研究態度の政治性や倫理的問題を等閑視することでもあったと考えられる。

　では、子どもの本質化と自覚的に向き合い、子ども観の「構築」を重視したうえで子どもをめぐる問題と対峙するためには、どのような研究上の態度が必要となるだろうか。今日の子ども研究は、新しい子ども観の提示に軽はずみに飛びつくことなく、「構築」という視角により何を問題とすることができ、どのような研究を展開することができるのか。

　必要なことは、研究者自身が「子どもと大人は性質を異にしている」という理解を自明視せず、それ自体を実際の子どもの生活や問題に即して検討してみることにあるだろう。すなわち、子どもの日常の生活の様子であれ、虐待や貧困といった問題であれ、子どもを捉える際、子ども観の「構築」の記述を課題としながらも、子どもと大人という二分法を研究者は前提とはせずに、それら生活や問題の当事者たちの間で「子どもと大人は性質を異にしている」という理解が具体的にはどのようなかたちで表出するのか（つまりどのように「構築」されているのか）を丹念に描き出すのである。

　「子どもと大人は性質を異にしている」という子ども理解を研究者の説明のための資源とすることなく、それ自体を研究の主題としていくことを、今日の子ども研究は課題としていく必要がある。子どもの「異質性」を自明視せず、

実際の生活のなかでのその扱われ方、つまり「構築」のされ方の記述を通じて明らかにしていく、そうした子ども研究の可能性である。

　おそらく、このような関心から子ども観の「構築」に着目することで、現実世界の子ども問題では、たったひとつの子どもの理解のみが使用されているわけではないことに気づくはずである。研究者は、子どもをめぐるある問題と向き合う際、ひとつの固定的な子どもの理解にとどまることなく、実際の子ども問題のなかでは多様な子どもの理解の混在や対立が現れることを見ることとなるだろう。子ども観の「構築」の研究は、そうした混在や対立を含めて、子どもの問題を捉えていくことができるはずである。

　では、子どもの理解の混在や対立をひも解く子ども観の「構築」の研究とは、具体的にはどのようなものとなるだろうか。それは、日常の生活場面における子どもと大人の実際のやりとりの「構築」のあり様を対象としたエスノグラフィーの研究としても可能であるし、過去や現在の子ども問題の「構築」のあり様を対象とした歴史研究や言説研究としても可能と考えられる。本章では、後者の事例として、昭和戦前期と平成期の児童虐待問題を取り上げながら、これからの子ども研究における「構築」という視角の方向性について考えてみたい。

4-2　児童虐待問題に見る子ども観の「構築」
── 昭和戦前期の児童虐待問題

　近年、日本社会では児童虐待が大きな社会問題として注目を集めている。しかしながら、日本において児童虐待が大きな社会問題となったのは、今日が初めてのことではない。日本で児童虐待は明治期より社会問題とされ（高橋2013）、その後数多くの議論が展開されたのちに、昭和8（1933）年に「児童虐待防止法」（法律第40号）の制定が実現している。近代国家の樹立に向かう日本社会が、子どもの問題を「虐待」として意識し、そうした問題の子どもを保護するための法制度を整えていく過程は、アリエスが指摘したような、保護と教育の対象としての子どもの存在が発見されていく過程のひとつと位置づけることもできるだろう。私たちはまさに児童虐待の歴史に子ども観の「構築」を見ることができるのである。

　とはいえ、昭和戦前期の児童虐待防止法の成立を、日本の「近代的子ども観」の誕生や構築の実例としてのみ解釈するのは早計である。児童虐待防止法の形

成過程で「近代的子ども観」がどのように構築されたのかとそのまま問うこと
は、多様な現実のあり様を研究者が問い直したい特定の「子ども観」に引きつ
けて理解することとなり、結果としてそのひとつの「子ども観」を必要以上に
歴史の前面へと押し出してしまう可能性がある。アリエス自身が複数の歴史の
側面や変化を描いていたように、子どもの理解の仕方が時代の流れの中で単一
の定義に収斂されないあり方こそを見ていく必要がある。つまり、この時代の
子どもの理解の仕方が、法律の成立によって本当に子どもの「保護」という見
方のみに収斂されたのか、他にも社会の多様な潮流によって成り立っていた可
能性はないか、こうした視角をもって問題と対峙する必要がある。

　たとえば、昭和8（1933）年に日本で初めて制定された児童虐待防止法であ
るが、この法律が被害の対象として想定していた「虐待」は、今日の私たち
が考えるような家庭内における子どもへの暴力ではなく、街頭での軽業や曲芸、
物売りなどによって酷使されていた子どもたちの労働であった。明治5（1872）
年に日本で最初の近代学校制度となる「学制」が公布され、長い年月をかけて
多くの子どもたちが学校へ通うようになった後にも、労働に従事する子どもた
ちは社会のなかに数多く存在した。また明治44（1911）年に「工場法」が公布
され、子どもたちの就業に制限が設けられて過酷な工場労働からの解放が進め
られた後にも、屋外で労働に従事する子どもたちは法律の保護の対象とはされ
なかった。児童虐待防止法は、そうした子どもたちを救済し保護することを目
的として誕生したのである。

　では、児童虐待防止法は、日本社会に新たな子どもの保護の仕組みをもたら
し、新たな「近代的子ども観」を形成したと言えるかといえば、事態はそれほ
ど単純ではなかったことがさまざまな資料を見ることでわかる。児童虐待防
止法は、昭和8（1933）年10月1日に施行されるが、その前日の9月30日には、
東京の銀座、新宿、浅草で街頭での児童労働の実状を確認する調査が行われて
いる。ところが、労働によって酷使されているとされた街頭の子どもたちは、
その調査にやってきた調査員の姿を見るや、自分たちがすぐにでも「保護」さ
れてしまうのではないかと勘違いして街中を一斉に逃げ回ったことが報じられ
た（『東京朝日新聞』1933年10月1日）。なかには調査員に対して「小父さん明
日からだね、今夜はいいんだろ」と言ってその日の仕事を続ける子どもや、8
歳になる子どもが調査員に「十四歳からならいいんだね、アタイ十四さ」と答
えたやりとりなどが伝えられている（『東京朝日新聞』1933年10月1日）。

「構築」という視角から重要となる点は、この時代の街頭労働の子どもの生活の実態が本当はどのようなものだったかという関心以上に、新聞記事が子どもたちの姿をこのようなかたちで記事にしたところにある。新聞という大衆メディアで、街頭の子どもたちは、労働によって酷使され「保護」を必要とする存在として報じられるとともに、自らの労働のために「保護」を回避しようとする存在としても描かれている。両者は両立可能な子どもの姿なのであり、このことはどちらか一方の子どもの姿に回収できないこの時代の子どもの現実を物語っているのである。

　「保護」を必要とするか弱き存在といった、ひとつの「近代的子ども観」には簡単に収斂されない子どもの姿は、児童虐待防止法の成果の語り方にも現れる。児童虐待防止法によって保護された門付けの少女たちを報じるある新聞記事は「草津節から童謡へ」といった見出しで始まり、小学校に初めて通い始めた彼女たちの言葉として「こんなに楽しい世界があるとは夢にも知らなかった」と紹介している（『東京朝日新聞』1934年1月6日）。記事では、少女たちが法律によって保護され、学校教育を受ける環境におかれるようになったことが積極的に論じられる。草津節から童謡へ、労働の世界から教育の世界へ。児童虐待防止法の成果は、虐待被害の子どもたちが「子どもらしい子ども時代」を享受することができるようになった変化として描かれるのである。

　しかし一方で、児童虐待防止法の制定後には、法律の成果として別様の語り方も現れるようになっていた。「涙の愛児虐待」という見出しで始まる新聞記事では、11歳になる少女が目の不自由な父親と門付けをして生計を立てていたが、児童虐待防止法の成立により仕事ができなくなったため、法律のお目こぼしをなんとか得られないかと警察に訴えたことが伝えられる（『東京朝日新聞』1934年10月21日）。児童虐待防止法が新たな子ども問題を生み出していく。こうした記事は、法律が労働する児童や家族の生活を奪うものであり、その成果に疑問を呈するものとなっている。

　このように、児童虐待防止法の誕生は、単に子どもの新たな「保護」の仕組みを社会にもたらすものだったわけではなく、法律の成果と悲劇の2つの対立軸から子どもを捉える新たな子どもの語りを生成することになった。児童虐待防止法は昭和戦前期に子どもの「保護」のひとつのかたちを形成したと見ることができる反面、同時にそれは子どもの労働に関して対立と矛盾を含む新たな現実を構築したとも言えるのである（高橋 2018）。

昭和戦前期に児童虐待防止法を誕生させたのは、街頭労働の子どもたちを「虐待」の被害者とし、「保護」の必要な存在と見なす社会の意識であったことは確かだ。しかしひとたび子どもの「保護」を実現する法律が制定されれば、社会は必ずその法律を参照枠組みとしながら労働する子どもの現実を語らなければならなくなる。これは、児童労働を法律の制定以前とは異なったかたちで問題としなければならない新たな現実が構築されたことを意味する。すなわち、児童虐待防止法は、「保護」の対象としての子どもに関する新たな語りと、「保護」によって問題を抱える子どもに関する新たな語りを、同時に生成することとなったのである。

　このように、昭和戦前期の児童虐待問題には、「近代的子ども観」がいかに構築されたかという関心からでは簡単には捉えきることのできない複雑な現実がある。子ども観の「構築」という視角は、こうした現実に光を当て、その複雑なあり様を描き出すことに貢献することにこそ可能性をみとめることができるように思われる。

4-3　児童虐待問題に見る子ども観の「構築」
—— 現代の児童虐待問題

　過去の児童虐待問題が日本の子ども観の「構築」を考える際の重要なテーマとなるのと同じく、現代の児童虐待問題にも考察すべき課題がある。児童虐待問題は、戦後、社会からその姿を一度消し、平成期になって日本の「新しい問題」として登場することとなった。今日において、児童虐待とは、子どもに対する身体的、性的、心理的な虐待やネグレクト（育児放棄）を意味する。その背景には、子どもはこのような虐待から保護され、「子どもらしい子ども時代」を過ごさなければならないという社会の意識が形成された歴史がある。日本の児童虐待は、1990年代より、社会の対応を必要とする問題として徐々に認識されるようになっていき、その帰結として平成12（2000）年に「児童虐待の防止等に関する法律」（法律第82号）が成立する。問題に対する具体的な取り組みには、個別の法律に則って対応することが必要と考えられるようになるほど、児童虐待は深刻な問題として社会に受け止められるに至ったのである。

　しかしその後も、社会で報じられる児童虐待の事件は後を絶たず、次々に現れる新しい課題に対応していくため児童虐待防止法と児童福祉法の改正は繰り

返されていく。近年で言えば、平成29（2017）年に「児童福祉法及び児童虐待の防止等に関する法律の一部を改正する法律」（法律第69号）が公布され、「虐待を受けている児童等の保護者に対する指導への司法関与」や「接近禁止命令を行うことができる場合の拡大」などの措置が講じられることとなった。また令和元（2019）年にも「しつけにおける親権者の体罰禁止」や「児童相談所の体制強化」などの盛り込まれた児童虐待防止法と児童福祉法の改正案が国会を通過している。こうした法律改正によって、虐待の被害を受ける子どもたちの「保護」を強化していくことが図られているのである。

この「子どもらしい子ども時代の保護」という発想は、アリエスが論じるような近代になって浸透し制度化された子ども観のひとつと言えよう。1990年代からの日本の児童虐待問題を詳細に検討した研究では、この問題が「家族の養育機能の低下」という言説の広がりとともに、問題の増加・深刻化の説明に信憑性が与えられ、重大な社会問題として構築されたことが指摘されている（上野1996）。「機能不全に陥る家族」という認識に立ち、虐待を受ける子どもを「保護」するためのさまざまな対策が講じられ、またそれら問題の家族を治療の対象とすることで虐待を未然に防止していく方法が次々と論じられていったのが、現代の児童虐待問題の特徴だと言われる。

ところが、児童虐待がこのように「家族の養育機能の低下」や「家族の機能不全」といった家族の病理として問題化されるあり方に対しては批判もまた寄せられている。児童虐待が家族病理の問題として構築され続けることで、貧困や雇用などの経済的な問題や家族と対面する現場の職員たちの福祉的な課題が見過ごされてしまう可能性があるのだ（上野2004, 山野2006）。児童虐待問題において、家族を問題発生の原因とする説明が強力になればなるほど、虐待と他のさまざまな種類の問題の関係性が見えづらくなってしまうことが批判されるのである。

これらの研究が子ども観の研究に示唆するのは、今日の児童虐待問題における「保護されるべき子ども」という子ども観もまた、そのような多様な種類の問題と結びつきをもって構築される可能性があるということである。現代の児童虐待問題では、あるタイプの家族を虐待発生のリスクと見なして早期介入を求めるような説明から、福祉と医療の公的サービスの不足する社会政策の不備を訴えるような説明まで、複雑な議論が展開されている。「保護されるべき子ども」という「近代的子ども観」は、単一の議論で構築されるものではなく、

こうした複雑な言説の交錯のなかで構築されている。あるいはまた、それら複雑な交錯には「保護されるべき子ども」とは異なった別の子ども観の「構築」が認められるかもしれない。子ども観の「構築」という視角は、こうした問題の交錯のあり様に光を当て、それを解きほぐしながら、現代の子ども観を読み解いていくことに研究の可能性を認めることができるように思われる。

　もちろん、児童虐待が家族病理の問題として構築されるあり方に対する批判は、ひとつの政治的な態度の表明となりうるし、研究者としてのその態度には倫理的な問題が生じる可能性もある。しかしそうした可能性についても自覚的でありながら、家族病理の言説とは異なる問題解決の多様な方向性を論じていくことができることに構築主義研究の意義はある。子ども観の「構築」という視角もおそらく同様であり、子ども問題の複雑な議論を通じて構築される多様な子ども観のあり方をできる限り詳細に捉え、その問題の議論を次に進めていくための材料をより多く提供することに大切な意義があると考えられるのである。

5　おわりに

　子ども研究はこれまで、特に1980年代においては、従来の子ども理解とは異なる新しい子どもの見方を求める関心に後押しされ、時代の子ども観を相対的に捉え直すことに主眼をおいてきた。ところがそうした関心は、「構築」という観点からの子ども研究の展開を狭め、研究のあり方を限定的なものにする可能性があった。子ども観の「構築」の研究の意義は、過去や現在の子ども問題の複雑な議論の中でどのような子ども観が多様なかたちで構築されているのかを明らかにし、それを検討することができる点にあると考えられる。「子どもは社会的な構築物であるのだから、問題解決のために現在の子ども観を問い直そう」という態度は、子ども観の「構築」の議論を単純化してしまう可能性がある。子ども問題と向き合い、その問題の複雑さを浮き彫りにするために子ども観の「構築」に着目しようとする視角が、子ども研究には求められている。

　先述のプラウトとジェームズは、「構築」という視角がもたらす子ども研究特有の問題について、社会学の社会調査の意義を提起したジャネット・フィンチ（Finch 1985）の主張と対比させながら言及している。フィンチは、質的調査と社会政策の間の関係性を議論するなかで、社会学者は自分自身を、幅広い

政策論争全体を照らす「イルミネーション」を提供するものとしてみなければならないと述べている。彼女は、社会学者の役割は、社会問題に対して具体的に「ソーシャル・エンジニアリング（人間の社会的行動を科学的に研究し、社会生活上の実際的な問題を解決する意味での社会工学）」な解決策を提供することではないし、社会科学と社会政策の間の関係性は必ずしもそうした直接的なものではないと述べている。そのうえで、社会学者が制度や科学などの「あらゆる」レベルで、自らが研究で得た知見を問題の当事者たちに提供する「民主的な」アプローチをとるよう主張する。特に、社会学者は単に「トップ」の政策立案者らに対して自分たちの研究の成果を向けるのではなく、組織の「草の根」つまり公的な権力や影響力をほとんどもたない人びとと関わるとともに心を配るべきとの考えを支持するのである。

　たとえば、社会学者が、虐待される女性の保護に関する政策論争を調査した結果、それが古典的な性別観に基づいた女性の無効化と脱権力化を生み出す議論であることを明らかにし、その問題性を広く社会に問うたとする。社会学者の知見は、現行の女性保護の政策論争にどのような不備があり、何を問題としなければならないかをまさに明らかにする「イルミネーション」となる。その「イルミネーション」は、直接的に問題解決を示すものではないかもしれないが、公的な権力や影響力をもつ「トップ」の政策立案者を動かし、それが社会問題の解決を導くものになるかもしれない。それだけでなく、社会学者の知見は、「草の根」の女性たちの意識を変革し、彼女たちに自ら行動を起こすエネルギーをもたらすことになるかもしれないのである。

　研究調査と社会政策の関係性に対するフィンチのこうした見方はたいへん魅力的である。しかしながら、この見方を子どもに対して適用してみると、そこには子ども研究に特有の困難な問題が生じることになる。先のプラウトとジェームズの引用で見たように、たとえば、現行の児童虐待の議論が子どものさまざまな新しい保護のあり方をつくり出すことに集中しており、またそれが子どもを常に受け身的で脆弱な存在とする典型的な子ども観に基づいた子どもの無効化と脱権力化を促進させるものであることを、研究者が説得的に明らかにすることができたとしよう。しかしそれは、子どもの保護に関する政策論争の不備を指摘する研究知見として、社会にどれだけ認められるのだろうか。そうした子ども研究の知見は、「トップ」の政策立案者を動かす「イルミネーション」に果たしてなりえるのだろうか。そして最も重要なこととして、その

「イルミネーション」は、子どもたち自身にどのようなかたちで届けられることになるのだろうか。

　子どもの実際の生活のほとんどは現在のところ、大人たちによって決定もしくは抑制されているのであり、子どもたちが自分たちを自律的に表現するべく、問題解決のため「草の根」レベルで組織を形成するようなことはおおよそ考えられない（Prout & James 2015 p.25）。こうした構造のなかで、子どもの保護が人びとの間で議論される際に想定されている典型的な子ども観を問題視する子ども研究者の知見には、どれほどの意味と力を認めることができるのだろうか。そしてその知見は、子どもを当事者とする問題の解決にどのようなかたちで貢献することができるのだろうか。

　この研究上の課題の解決のひとつは、もしかすると政策論争に加味するような研究態度を（少なくとも表向きは）とらずに、自らが実際の社会問題からは距離をとって「研究のための研究」を行っていると思い込むことにあるのかもしれない。あるいは、子どもに関連する社会問題を直接テーマとしない研究者にとって、自分にはまったく関係のない課題と片付けることになるのかもしれない。しかしながら、現代の子ども研究は、直接的間接的を問わず、あらゆる研究成果が子どもに関する現体制を変更する可能性を常にもつ。したがって、「自らが必然的にともなうことになる政治的問題と倫理的問題にセンシティヴでありながら、研究をどうやって実践していけるのか」（Prout & James 2015 p.25）という命題は、子ども研究者全体に共通する大きな課題である。少なくとも自らの研究が子どもをめぐる現実の複雑な議論に対して「イルミネーション」をどれだけ広く、より細部にまで当てることができるのかについて、より自覚的になる態度が現在の子ども研究者には求められている。

　もちろん、子ども観の「構築」の研究のあり方には唯一の正答があるわけではない。しかしながら、子ども研究において「構築」とは何かを今改めて問うてみることで、子ども研究のこれからの進展の可能性があるとするのなら、この問い直しの試みには十分な意義があるはずである。

参考文献

Ariès, P. (1960) *L'enfant et la vie familiale sous l'Ancien Régime.* Seuil.（アリエス／杉山光信・杉山恵美子（訳）(1980)『〈子供〉の誕生：アンシャン・レジーム期の子供と家族生活』みすず書房）

Finch, J. (1985) *Research and Policy: Use of qualitative methods in social and educational research.* Falmer Press.

本田和子 (1982 [1992])『異文化としての子ども』ちくま学芸文庫

本田和子 (2003)「『子ども－大人関係』の昔と今」『GYROS(2)：特集子どもの反乱』(pp.118-131) 勉誠出版

Prout, A. & A. James (2015) A new paradigm for the sociology of childhood?: Provenance, promise and problems, A. James & A. Prout (Eds.). *Constructing and Reconstructing Childhood: Contemporary issues in the sociological study of childhood* (pp.6-28), Falmer Press.

高橋靖幸 (2013)「明治期における『児童虐待』の社会的構築」『子ども社会研究』*19*: 77-90.

高橋靖幸 (2018)「昭和戦前期の児童虐待問題と『子ども期の享受』：昭和8年児童虐待防止法の制定に関する構築主義的研究」『教育社会学研究』*102*: 175-194.

上野加代子 (1996)『児童虐待の社会学』世界思想社

上野加代子 (2004)「児童虐待問題の鏡像」『ソシオロジ』*48*(3): 121-126.

Wyness, M. (2006) *Childhood and Society: An introduction to the sociology of childhood*. Palgrave Macmillan.

山野良一 (2006)「児童虐待は『こころ』の問題か」上野加代子（編）『児童虐待のポリティクス：「こころ」の問題から「社会」の問題へ』(pp.53-99) 明石書店

Part 2
新たな視角を
必要とする現実

第4章 地域に子どもがいることの意味
—— 子どもを見守る防犯パトロール

大嶋尚史

1 はじめに

1-1 「子ども／大人」の区別がない地域という空間

「子どもの遊びとは何か？」「子どもはどのように自分の性別を自認するのか？」といった問いや、「子どもの学力はどのように伸びるのか？」「子どもの虐待を防ぐにはどうすればよいのか？」といった具体的な解決策を模索するような課題にいたるまで、保護者や教育者など大人の立場から子どもへの接し方や話し方などがメディアなどを通じて常に提示される。そこには、子どもは未熟な、もしくは自立した存在ではなく、保護者や教育者は子どもに対する何らかの役割や責任を負うという前提がある。いずれにしても、子どもは大人とは異なる存在と見なされ、大人と対置される立場におかれることが多い。

そして、それは現代の日本において18歳以下の子どもがそのほとんどの時間を過ごす学校をはじめとする教育の場（子どもは学び、教員は教育を行う主体）や家庭（子どもは養育され、大人は養育する立場）でよりはっきりと見られ、「子ども／大人」の立場は明確に異なる。法的にも教育責任や養育責任の所在が明確なため、子どもに関する事件や事故が起きた場合には、教育やしつけのあり方や責任の帰属先をめぐる話題がほとんどの場合、登場する。

一方で、そのような「子ども／大人」の区別が基本的になされない、公共空間である地域（通学路、駅前周辺、公園など）にいる子どもはどのように捉えられているのだろうか。一般的に言えば、地域にいる子どもは、そこを通り過ぎる大人には風景として映る。また、そのような空間において何らかの事件や事故などの問題が発生しても、「守られる子ども」と「守るべき大人」の区別

によって対応や議論が異なるわけではない。交通事故や通り魔、テロ事件など
を例に挙げれば、被害者が子どもだとしても、そのことだけで特別な見方がな
されることはなく、子どもであろうが大人であろうが、被害者は被害者であり、
加害者は加害者なのである。

　ところが、本章の事例として挙げられる子どもを見守る防犯パトロールは、
空間的に限定されない地域という場所を舞台に、責任の所在がはっきりせず、
明確な責務を負う必要がないにもかかわらず、全国的に活動が展開し、継続し
ている実態がある。そこで本章は、地域にいる子どもを地域はどのように捉え
ているのかを明らかにし、子どもの新たな捉え方を見出すことを目的とする。

　そのため、子どもを見守る防犯パトロールを事例に挙げ、新たな視点を獲得
する意義（2節）、防犯パトロールが広がった社会的な背景（3節）、新聞記事
における防犯パトロールをめぐる語り（4節）、および防犯パトロール参加者の子
どもの見守りに対する意識（5節）を見たうえで、「子ども／大人」という区別
では明らかにすることができない地域という空間に子どもがいることの意味を
捉え、現代社会における子どもへの新たな視点を獲得することを目指す。

1-2　子どもの防犯を巡る社会的意識の高まり

　図4-1は朝日新聞の新聞記事検索「聞蔵Ⅱビジュアル」で「通学路」「防犯」
および「地域」の各言葉が出ている記事数を示したものである。どのグラフも
同じ傾向を示しており、「通学路」「防犯」「地域」という言葉が関連して出て
いることがわかる[1]。

　1997年に神戸市で起きた児童連続殺傷事件によって、通学路の防犯対策は
一時的に注目を集めることとなる。しかし通学路の防犯対策が全国的に本格化
したのは2004年に奈良県で、そして2005年に栃木県で起きた女児殺害事件に
よってである。2005年には、文部科学省より「幼児児童生徒の安全確保及び
学校の安全管理について（依頼）」が出され、そのなかで集団登下校や保護者
等の同伴等による安全な登下校、さらに地域全体で子どもを見守る体制を構築
するような対策を実施することが求められた。図4-1において2005〜2006年
に記事数が大きく増加した要因にはこのような背景がある。

　さらに2012年には「学校安全の推進に関する計画」が策定され、防犯パト

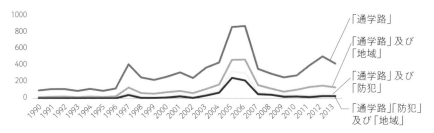

図4-1　新聞記事における「通学路」、「防犯」および「地域」の文言が入った記事数の推移

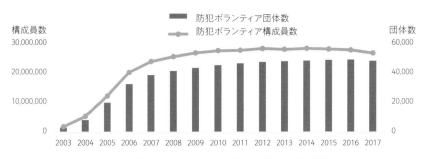

図4-2　防犯ボランティア団体数及び構成員数の推移

ロールによる子どもの見守りを、保護者や学校教員、警察関係者や警備業者だけでなく、地域住民の参加も含めて実施することが求められた。

　図4-2は警察庁がまとめた全国の防犯ボランティア団体数および構成員数の推移[2]である。これを見ると、ボランティア団体数およびボランティア構成員数は増え続け、その後、あまり減少することなく推移しており、子どもの防犯問題が社会的な問題として表面化していない時期でも団体数や参加者は減ることなく活動が維持されていることがわかる。

　このように、交通安全や家庭での事故やけがが主要であった「子どもの安全」は、徐々に通学路をはじめとする地域における子どもの防犯問題に焦点が当てられ始めた。そして、2008年に学校保健法が改正され学校保健安全法が施行されると、学校安全に関する章が初めて設けられた。「学校安全」という言葉が示すとおり、主に学校を中心とした対策ではあるが、「当該学校が所在する地域の実情に応じて、当該地域を管轄する警察署その他の関係機関、地域の安全を確保するための活動を行う団体その他の関係団体、当該地域の住民そ

表4-1　地域のボランティアによる学校内外の巡回・警備が行われた小学校

2004年度	2005年度	2006年度	2007年度	2009年度	2011年度	2015年度
64.2%	86.7%	91.0%	92.6%	92.4%	93.9%	91.6%

の他の関係者との連携を図るよう努めるものとする」（学校保健安全法第30条
一部抜粋）とされ、地域住民等との協働関係によって子どもを見守ることが法
的に明記されたのである。

　文部科学省の「学校の安全管理の取組状況に関する調査結果」および「学校
安全の推進に関する計画に係る取組状況調査」[3] からは、地域のボランティ
アによる学校内外の巡回・警備は、全国的に実施されていることがわかる（表
4-1）。

　さらに、同調査（2011年度）では、「通学路の安全確保を図るため、関係機
関等（教育委員会、保護者、警察、道路管理者、地域の関係者等）と連携を図っ
ている小学校の割合」の調査が行われており、全国の小学校の98.9%で連携が
図られていた。統計上では全国ほぼすべての小学校で何らかの協働関係が成立
していることがわかる [4]。このような対策は行政機関を中心に進められてき
たが、そのような政策的な流れから一定の距離をおいている「日本子どもを守
る会」が出版している『子ども白書』においても、「地域住民が中心になって、
それぞれの地域にふさわしい子どもたちの安全対策を立てていくことが基本」
（中村 2009 p.34）と指摘しているように [5]、通学路の防犯問題の解決に向けた
対策は、地域の住民参加による防犯パトロールの実施が必要不可欠な要素とさ
れているのである。

2　新たな視点を獲得する意義

2-1　防犯パトロールに向けられる批判的視座

　前章で述べた防犯パトロールのあり方に関しては、批判的な視座もある。た
とえば、防犯パトロールは、子どもが被害者となる事件に関する報道の過熱に
よって、「怪物的な犯罪者と、生命を脅かされる子どもたちという構図」（芹沢

2007）ができあがり、その恐怖と不安に駆られて活動が活発になったとされている。そして、このような活動の目的はボランティア参加者同士の楽しみであり（芹沢 前掲）、さらに地域コミュニティの再生活動（中村 2005）でもあり、結果として当該の地域住民とは異なる生活スタイルで生きる者や失業者、野宿者などが排除される結果にもなると指摘されている。

　また、統計的には治安が悪化している状況ではない[6]が、そのような排除のメカニズムによって「誰もが不審者」として捉えられてしまう可能性を挙げ、その結果、周囲を塀などで囲った中に住宅地をつくり上げ防犯性を高めたゲーテッドコミュニティ（Gated community）のような、過剰なまでにセキュリティを重視した地域が生み出されるという指摘もある。言い換えるなら「子どもの見守りのためと言っておきながら（地域でこのような活動をする）自分たち以外を監視することや、排除するための活動である」という批判である。

　実際に、学校を中心に進められている安全教育の現場では、犯罪予防のための防犯教育が実施されており、「おうちの人以外にはついていかない」ということが徹底されている。筆者が2009年に訪れた小学校での防犯教室では、通学路で出会う人たちとの距離の取り方や逃げ方などを具体的に指導し、見知らぬ他者と子どもたちを分けようとする動きも見られた（大嶋 2013）[7]。

2-2　継続的に参加し続ける根拠は何か

　しかし、このような防犯パトロールのあり方に批判的な視点は、排除や監視の助長などの点にあるものの、地域のつながりの構築といった活動そのものを批判しているわけではない。

　また、地域住民が主体となった防犯パトロールはボランティアで構成され、無償での活動が基本である。参加は自由であるとはいえ、季節や天候を問わずある程度の参加者数が毎回集まらなければ継続的な活動はできない。さらに、地域という限定されることのない空間における子どもの見守りにはおのずと限界があることを自覚しつつ、防犯パトロールの目的やあり方に参加者同士が同意することが必要である。

　そのため、焦点を当てるべきは、ボランティアとして参加している防犯パトロール参加者がこのような活動を主体的に続けている目的を見て、地域（住民）が子どもの見守りを通して子どもとどのように向き合っているのかの一端

を検討することではないだろうか。そのことによって、「どのように守るのか」といった技術的な問題や、「どのようにボランティアを集めるのか」といった動員モデルを提示することでもなく、さらに「見守りが子どもの監視につながる」「防犯は異質な他者の排除につながる」といった批判的な見方でもない新たな視点が得られるのではないだろうか。

3 防犯パトロールが広がった社会的背景

3-1 防犯パトロールのモデルとしての割れ窓理論

現在、全国で行われている防犯パトロールの実践を規定したのが、「割れ窓理論」と呼ばれる1980年代にアメリカで発表された犯罪統制の手法である。この理論の前提には公共空間におけるゴミの散乱や壁の落書きなどの小さな無秩序を放置すると地域は崩壊する、もしくは崩壊したと見なされ、犯罪が起きる環境が整ってしまうという考えがある。そして、犯罪発生を未然に防ぐには地域を見回り、その地域を世話する人間の存在が重要で、その役割を担う地域住民等を組織し、地域清掃や防犯パトロールなどの取り組みを推進する動きが求められるとした。また、そのような犯罪の抑止や公共空間の秩序の回復のためには治安維持を担当する警察組織のような行政機関による取り組みだけではなく、コミュニティの参画を基盤として進められなければならないとされている（Kelling & Coles 1998=2004）[8]。

このような提案に呼応するかたちで、犯罪防止を目的とするNPOや地域住民が参加する組織、警備会社などの民間企業などが必然的に必要となり、それらの存在が注目されることとなった。割れ窓理論の手法が日本に導入されたのは治安の回復を目的としたものであると同時に、安全を守るための新たな動員モデルを示す必要があったという背景がある。

3-2 割れ窓理論の背景としての新自由主義

前節で示したような割れ窓理論を手法とした防犯パトロールが必要とされた社会的背景は何だろうか。「割れ窓理論」の著者は、その理由のひとつとして

個人の自由の最大化とそれにともなう弊害を除去するためにとられた措置であると述べている（Kelling & Coles 前掲書）。そのような個人の自由を重視するきっかけは、1980年代から欧米の先進諸国を中心に広まった「新自由主義」の潮流である。

　デビッド・ハーヴェイは、「新自由主義とは何よりも、強力な私的所有権、自由市場、自由貿易を特徴とする制度的枠組みの範囲内で個々人の企業活動の自由とその能力とが無制約に発揮されることによって人類の富と福利が最も増大する、と主張する政治経済的実践の理論である」とした（Harvey 2004=2007 p.10）。このような考えに基づき、本来市場が存在しづらかった教育や福祉等の領域の市場化が進み、経済的な「格差拡大」やそれにともなう政治的、社会的な「不平等の拡大」などの問題が表面化 [9] するとともに、労働やライフスタイルなど日常生活の大きな変化ももたらした。あらゆる選択が自由になる反面、個人が職業や居住地、結婚や子育てなどの決定をする際にリスクを計算したうえで、選択をする必要に迫られるようになった。そのため、地域やコミュニティの秩序を維持するために必要であった住民の主体的で安定的なつながりが崩れた要因もこのような社会の変化に起因するものが多い。

　日本では、これまで家族共同体や地域共同体、会社組織内コミュニティといった集団の結びつきが強かったが、この変化により私事化が進展して家族や地域といった共同体のつながりが弱くなった（渡辺 2007）。その結果、地域や社会の秩序を維持する力がなくなり、NPOなどの組織による（犯罪）統制や福祉の領域などでの支援が必要になっている [10]。今後も人口減少や高齢化、（地域によっては）過疎化とともにこのような流れは進展していくことが考えられる。

3–3　地域のつながりを復活させる動き

　新自由主義による私事化の一方で、進展する社会の不安定化という事態に対処しようとする動きとして新保守主義の台頭がある。新自由主義が掲げる個人の自由を重視しつつも、「第一に、個人的利益のカオスに対する回答として秩序を重視していること、第二に、内外の危険性に直面した場合に国家を安全に保つうえで必要な社会的紐帯として、道徳を重視したこと」（中村 2005）という違いがあり、新自由主義と新保守主義はどちらも自由を重視する共通の理念

はあるが、新自由主義によってもたらされる帰結（負の側面）を補うようなかたちで新保守主義は捉えられる。

　また、民主的な統治や不平等の解消を要求するものとして新たな考えを提唱する動きもある。たとえば、「社会関係資本」という考え方がそのひとつである。アメリカの政治学者ロバート・パットナムによれば、社会関係資本とは、信頼やネットワークといった社会組織のなかに埋め込まれたものを資本とし、その動きを改善し、効率的に人びとの共同体的な動きを活発にしようとする視点である（Putnam 2006）[11]。

　日本における防犯パトロールの全国的な展開は、秩序の回復という側面から見れば新保守主義的傾向であり、共同体の動きを活発にすることは、社会関係資本の重視であるといえる。

　ここまでの議論では安全なコミュニティ（≒地域）のために秩序をいかに維持するのかという側面が強く、その守られるべき対象は「子ども／大人」関係なく、地域に住む住民である。しかし、たとえばアメリカのコミュニティが抱える問題とは異なり、日本は治安の面において、はるかに安全であり[12]、一般市民が銃器を持つこともない。そのため、このようなパトロールの議論はコミュニティの安全よりも、子どもに関わる事件との関連で取り上げられてきた。

4　新聞記事での防犯パトロールの語られ方

4-1　継続的にパトロールすることへの負担

　これまで見てきたような防犯パトロールの進展やそのあり方について、新聞記事というメディア上ではどのような語られ方をされてきたのだろうか。まず挙げられるのは、子どもを狙った事件そのものの内容や事件発生からその後の経過、犯人に関する情報などであり、続いて防犯対策（地域における協働関係のさらなる進展、防犯パトロールの拡大など）のあり方に向けられる。また、防犯グッズをはじめとする子どもの安全に関する商品・サービスが全国的に浸透したことなども取り上げられた。しかし、ここで注目すべきはその防犯対策の限界についての指摘である。2018年に新潟県で起きた事件を受けて書かれた「中日新聞しずおか」の2018年5月16日の記事「「対応に限界」通学路の見

守り　ボランティア不足、下校時間ばらばら」を以下に挙げる^[13]。

> 小学二年の女児が下校中に殺害された事件は、通学路の死角に潜む危険を
> あらためて浮き彫りにした。…（中略）…四十人ほどの「学校安全ボランティ
> ア」が登校時に幹線道路の交差点などに立ち、子どもを見守っている。ただ、
> <u>下校時は学年によってピーク時間が異なるうえ、ボランティアの人数が足り
> ず、手が回らないのが実情だ。</u>…（中略）…市教委健康安全課の担当者は「<u>見
> 守りは学校だけでなく、自治会や保護者など地域の協力も欠かせない</u>」と訴
> える。（下線筆者追加、以後の新聞記事における下線はすべて筆者追加である。）

　ここで示されている記事では、子どもの防犯に対する措置は地域との協力関
係を築きつつも、見張りとなるような地域住民が「核家族化」や「夫婦共働
き」といった理由によってできておらず、対応に限界があることを示している。
　このような事例は、「<u>大人の保護にも限界があり、子どもが自分で身を守
れるよう、学校での指導をより徹底していきたい</u>」（2000年2月20日朝刊広島
p.29）という学校の校長の言葉や、「各家庭の親が責任を持ってわが子の登下
校の送り迎えをすれば良いのですが、<u>現実的には無理です</u>」（2005年12月15日
朝刊山梨全県 p.30）といった記事など、地域における防犯パトロールの必要性
を認めつつも、そもそも通学路全体を管理することが不可能であることや、住
民が常にボランティアとして参加することの困難さが表現されている。

4-2　「見守り」だけではない活動にすること

　そのような困難さを克服するひとつの手段として、新たな動機をもつことに
可能性を見出している。

> 「<u>楽しみもないと、続かないです</u>」と会長の〇〇さん（68）は話す。………
> 〇〇さんは「現役時代は家に寝に帰るだけだった。<u>地域のことを知るにも、
> 仲間をつくるにも、運動不足の解消にもいい</u>」と言う…（中略）…「<u>気軽に
> 参加できる雰囲気を大事</u>にし、一人でも多く参加してもらいたい」（2005年
> 12月11日朝刊 p.32）

その他にも「子どもたちの安全を守るとともに、健康づくりもできるので、がんばっていきたい」（2006年2月21日朝刊広島 p.32）、「子どもを守る人々に無理が生じる取り組みは必要ないと思います。そのためには、子どもとだけでなく警察、行政、教育関係者、地域住民が普段から「顔見知り」になっておくことが重要です」（2005年12月20日朝刊静岡全県 p.30）という記述もあり、防犯対策のみを焦点化することなく、パトロール活動を継続させようとする姿勢をより重視している語りが見られる。

　その結果、「「活動を通じて地域の絆が深まっている。忘れたころに事件は起きることを常に意識したい」と話した」（2011年2月24日朝刊山口 p.27）といったような「地域のつながり」ができはじめたことをメリットとして語っている。

　さらに、そのような「地域のつながり」を維持するために「子ども」をキーワードにして活動の維持を図る姿勢も見られる。

　　　町内会の活動は、防犯灯の維持管理や子どもの登下校時の見守り、盆踊りなど多岐にわたる。………○○会長（66）は、加入を呼びかけると「どんなメリットがあるのか」と問われることに戸惑う。「町内会は住民の接着剤のようなもので入るのが当然と思っていたが、考え方を変えないといけないと思った」と言う。そこで、目をつけたのが子どもを中心に据えた活動。昨年から大きなこいのぼりを飾り、子どもが親と一緒に楽しめるイベントの企画に力を入れる。（2009年3月28日朝刊横浜 p.33）

　ここでは、町内会を継続的に存続させるため、「子ども」をキーワードにして、地域の参加を促していることが示されている。

　　　○○小の学区全体の自主防犯組織「○○隊」にも、事務局を通して付き添い当番の代わりを頼める制度がある。だが、利用はいまだ1件にとどまる。…（中略）…子どもを軸に地域間の交流を深めよう──。そんな思いから○○隊は8月6日、地域住民と児童が交流する「○○ふれあい広場」を開く。（2006年6月2日朝刊栃木全県 p.34）

　子どもの見守りを継続的な活動とするためには、ボランティアが参加しやすくしなければならない。そのため、子どもの見守りを主要な目的にしつつも、

その目的を果たすために「地域住民のため」の活動や「地域のため」になる行事を含めて、活動を継続させようとする意図が見える。

5　防犯パトロール参加者の子どもの見守りに対する意識

5-1　駅前周辺において子どもを守るパトロール

　これまで、防犯パトロール拡大の社会的な背景や新聞記事における防犯パトロールの語られ方についてみてきた。本節では、防犯パトロールのボランティア参加者にインタビューをすることによって、継続的な活動を支えている子どもの見守りに対する意識について明らかにする。

　筆者は2008年〜09年にかけて東京都市圏の郊外であるA市のA駅駅前周辺においてパトロールを行っている、日本全国に支部をもつボランティア団体のパトロールに同行した。

　調査対象地域であるA市は人口約40万人の都市で、戦後の高度経済成長期には首都近郊のベッドタウンとして人口が急激に増え、市内には大学、公・私立高校、公・私立中学、公立小学校が合わせて90ある。さらに全国的な予備校や塾なども校舎を構えており、日常的に子どもの往来が多い。A駅を中心とした周辺約500mの同心円状の範囲は商店街などの商業地であり、そこから外の範囲は住宅地が広がり、夕方から夜にかけては通勤・通学帰りで人通りが絶えない。

　調査対象であるNPO法人は、アメリカで誕生したボランティア団体である。日本では1990年代後半に設立された。日本各地の主要都市にその支部をもち、活動地域における青少年の健全育成や住民や市民の安全を守ることを目標に掲げている。活動場所は主に駅周辺の人が密集する地域であり、日常的なパトロール活動だけではなく、地域の祭りやイベントなどの警備を参加者の時間が許す限り行っている。A市支部では毎週金曜日の夜にパトロールを行っている。

　パトロールは活動に興味をもった参加者がボランティアとして参加しており参加者はすべてA市在住か、近隣の市町村在住で日頃からA駅を利用している。インタビューした7名のうち2名は7年間防犯パトロールを続けており、2名は5〜6年、2名は2〜3年、1名は3か月であった。割れ窓理論に基づいた

環境美化活動もパトロールの役割であるため、商店街や駅前広場では、通りを塞ぐように停車している自転車の位置を直し、路上のゴミを拾い、公共のごみ箱にゴミを捨てる、といった活動も行う。さらに、路上喫煙や無灯火での自転車走行に対する注意、駅近隣の小学校内の見回りも行っている。また、参加者は同一の目立った服装を身にまとい、周りから目を引くような格好をして、自分たちが防犯を担っている存在であることを周辺に知らせている。

5-2 「守れない」ことを自覚した防犯パトロール活動

　パトロールは、毎週同じ時刻に行うため、一部の子どもや商店主と顔見知りとなる。そして、出会う人とあいさつを交わしつつも、声をかけるのは、10代の子どもたちだけ（大学生以上には声をかけない）である。子どもたちに声をかける目的について聞くと、「若い男の子見ても、女の子でも。お母さんの立場から見てるけどね」「子どもたちに将来を託すわけだから、ちゃんとしてほしいよね」といった、見守りのためだけではなく、子どもの将来的なリスクを知覚しての声掛けであった。

　また、このような活動に参加した動機を聞くと、「マスコミが報じる治安の悪さ、中高生たちの非行などの実態を知りたくて参加した」「パトロール範囲で犯罪があるとは思えなかった」と語り、治安の状況を把握したうえでの参加動機ではなく、そもそも地域における子どもの様子が知りたかったという側面が強く表れている。

　さらに、実際にパトロールに参加した後で治安の状況をどのように捉えたかについて聞くと「交通事故とか通り魔とかだと予測できない。それ以外なら日本は安全だし、問題はないと思う」や、「人目に付きづらいところとか、隙間とか、そういうところを狙うのが凶悪なことをする人だと思う」といったように、何か事件が起きたら子どもを守れないことを自覚しており、前節の新聞記事で語られた見守りに対する時間的制約や参加者不足といった問題だけではなく、パトロール活動自体での見守りの限界を指摘している。

5-3 防犯パトロールが続くのはなぜか

　見守りの限界を自覚しつつも、ボランティア参加者は、防犯パトロールを通

して顔見知りをつくり、地域のつながりをつくることが子どもを見守るためには重要であるとの認識を共有している。パトロール参加者へのインタビューにおいて、子どもにとって安全な地域のイメージを聞いた。

　　みんながひとりじゃないっていうことも安全なんでしょうね。個人個人がつながっている社会じゃないでしょうか。何かあったら、パッと誰かが声をかけたり、助け合ったりだとか、気さくにあいさつができるだとかね。

　地域移動や核家族化、単身世帯が増加するなかで、ボランティア参加者は、地域のつながりが崩れていることを踏まえ、子どもの見守りを自分たちがパトロールを行うことで少しでも可能にしようとする姿勢がうかがえる。
　そして、目指すべき地域のイメージについては、以下のように語っている。

　　誰もが身内みたいな関係で関われる社会だったら安全なんじゃないかなっと思いますけどね。いたずらするときは、昔は怒ったしね。…（中略）…今、考えて見るとね。ああいう社会があったから…（中略）…親がしつけなくても周りがいろんなしつけをしていた気がするんですよ。昔僕らが育ったころっていうのは。…（中略）…今はほとんど見られないじゃないですか。

　子どもの見守りにとって必要な「地域」を、自分の考える過去の「地域」に求め、さらに、そのような「地域」だったからこそ、子どもの見守りができていたという認識をもっている。

　　ご近所がね、ものすごい干渉しあって、誰かが来れば、（地域の人たちが）どこにどういう人が行ったよって（日常会話のなかで話していたから）ね。昔はそうだったからね。うんだから、そうなれば、このＡ市の地域に今までいた人と、いなかった人がわかるわけだから、まあ都心部はなかなか難しいかもしれないけども。

　防犯パトロール参加者は、自分たちがイメージする「かつてあった地域のつながり」を前提に、「顔見知り」を増やし、地域のつながりを構築しようとする姿勢を共有しており、地域のつながりが崩れたことが、子どもの見守りに影

響を及ぼしていることを認識している。

　また、パトロール参加者はそのような姿勢を地域の状況を踏まえて調整することも欠かしていない。パトロールが終了すると、必ずパトロールの問題点だけではなく、どこまであいさつや声掛け、（無灯火の自転車への）注意等の促しを実施するかの意見を出し合い、今後の活動に向けた方針を確かめていた（大嶋 2015）。個々人の考えとともに今後の防犯パトロールのあり方について、合意と協調を重視していた。

　過去の経験や体験を参照軸にし、それを現在の活動に活かすために、自分たちが活動している空間を観察し、そこから得られた地域の状況を踏まえ、活動を適応させた。そして、共に活動する仲間とその適応した活動に対する認識を共有する姿勢自体を、パトロール参加者のなかで共有していたのである。

5-4　継続的な活動を支える「行為の再帰的モニタリング」

　このような姿勢は、イギリスの社会学者アンソニー・ギデンズが指摘する「行為の再帰的モニタリング」と呼べる（Giddens, 1991＝2005）。

　ギデンズは、自己決定を基盤にした現代社会では、その決定したことに対する対処が生活における最も重要な行為のひとつであるとされ、このような自己決定を行うために不可欠なのは、個々人の再帰的モニタリングであると指摘した。そのような行為と、その動機のモニタリング関係をギデンズは「行為の再帰的モニタリング」（Giddens 1990＝1993 p.53）と称した。

　ギデンズによれば再帰性は、さまざまな社会のシステムの再生産基盤そのものの中にあり、あらゆる思考と行為とは常に互いに反照しあうとし、そのようななかで伝統は近代的な知識に照らし合わせて理にかなうかたちで擁護できる場合には正当化され、その存在証明を確認できるとしている。この行為の再帰的モニタリングは、日常生活の生活様式のなかにおいても影響し、「生活の決定の中には、過去の経験から帰納的な推論、つまり当面あてにすることができると信じられている過去の経験に基づいているものもある」（Giddens 1991＝2005 p.20）と指摘しているとおり、個人と社会をはじめとするあらゆる事象の間で再帰的な循環が起こることを示している。中西（2007 p.27）はこの循環は「さまざまな習慣や作法などの生活様式が、所与の枠組みとして使用されるだけでなく、それを用いた生活によって再生産がなされている」ものと指

摘している。

　ギデンズが指摘する再帰性は個人に立脚しているが、ボランティア参加者同士の関係を重視し、協調を図って行動しようとする姿勢は、日本が町内会や企業内での社員同士の関係性や集団そのものを重視するような場合と類似し、日本社会の伝統的な人間関係のあり方が反映されている。スコット・ラッシュは「再帰的伝統遵守は、個人化の問題ではなく、一連の「実質的な善（集団の利益等）」によって動機づけられ、「実質的な善」志向の習わしをともなう再帰的《共同体》の問題」であるとし、アメリカ、イギリスをはじめとする西欧の個人中心とは異なり、日本では《共同体》に対するコミットメントを重視している再帰性があることを指摘している（Lash et al. 1994=1997 p.233）[14]。

　前述のように子どもを見守るための防犯ボランティアは、過去を参照軸にして、あるべき地域のイメージを現在のパトロールの形に適応させ、協調的に活動しようとする姿勢があった。その過程で、子どもの見守りと地域のつながりの構築は不可分であると認識し、それに対処するために個々人の「行為の再帰的モニタリング」と防犯パトロール参加者内での「再帰的伝統遵守」による調整を通して継続的に活動が実践されているのである。

6　おわりに ── 地域に子どもがいることの意味

　割れ窓理論に根拠づけられた地域の住民等の参加による防犯パトロールは、新自由主義やその弊害を補うかたちで登場した新保守主義や社会関係資本の概念の浸透を背景としながら拡大し、特に日本においては通学路などの子どもの見守りを主な対象として展開された[15]。

　そのような活動を観察すると、参加者の参加した動機は、「子どもの防犯のために見守る」「地域にいる子どもの様子を知りたい」であったが、パトロール参加者自身による、子どもや街の治安に関する観察を経ることにより、「地域のつながりを構築したい」という目的に変化した。そのような変化は、参加者が考える「地域におけるかつてのつながり」や「安全を含めた子どもの在り様」を、個人および集団での再帰的モニタリングを通すことによって起き、そこから得られた考えを参加者が共有することにより、活動の継続性を保っている。このような過程を見ると、「子どもの見守り」は、「地域のつながりの構築」

のひとつの契機であり、地域に子どもがいることは「地域のつながりの構築」のために必要とされていることがわかる。

　また、このような活動は、「子どもの見守り」もしくは「地域のつながり」といった、ある単一の目的を果たすために行われるのではなく、どちらの要素も含みながら成立しており、両方を分けて考えることはできず、不可分な事柄である。

　そのため、子どもを見守る防犯パトロール活動に対して、新自由主義の反動として表れた新保守主義や社会関係資本の醸成のための活動であるといった説明や、「子どもの安全のためと言われているが、実際は地域づくりだ」「子どものためになっていない（大人のためである）」「大人による子どもの管理や監視」といった批判をそのまま受け取ることはできない。

　本章では、「子ども／大人」の区別がない地域という空間を見ることにより、子どもと地域の関係の一端を明らかにすることができた。現代社会では絶えず社会のあり方は変化するため、子どもと地域の関係もその場その場において絶えず変化する。しかし、そのような複雑化・流動化した社会を捉えるために編み出された概念を援用し、子どもと地域を関係論的に見ていくことによって、本書の序章で述べられているような隘路に陥っていた「子ども／大人」の二項対立的な図式での捉え方を少しでも変えることができるのではないだろうか。

注

[1] 他にも「安全」という言葉に関する記事数を見たところ、「防犯」と同じ傾向を示したが、「交通安全」関連の記事も加わるので除外した。また、検索範囲は「朝日新聞」と「朝日新聞デジタル」。記事の「見出し」「本文」「補助キーワード」の中で登場する数をまとめた。

[2] 警察庁『平成30年版 警察白書』より筆者作成。https://www.npa.go.jp/hakusyo/h30/index.html（2019年4月22日参照）

[3] 2011年度の数値は、「学校内のみ」(2.6%)「学校外のみ」(68.6%)「学校内外ともに」(22.7%)の3つの項目を足したものである。

[4] 文部科学省「学校の安全管理の取組状況に関する調査結果（平成23年度実績）」(http://www.mext.go.jp/a_menu/kenko/anzen/1339095.htm 2019年3月12日参照)。

[5] 他にも太田 (2008 p.169)、森本 (2006 p.152)、山崎 (2005 p.205) が、通学路の防犯について言及し、一様に地域住民の参加には肯定的な価値を認めている。

[6] 浜井 (2006 p.45) は治安の悪化の指標のひとつとされる（刑法犯）認知件数や検挙率は、警察による犯罪に対する対応方針の変化や、犯罪被害届け出の積極化によるものが大きいと指摘している。そして殺人や傷害致死といった重大な犯罪はむしろ減少傾向にあり、「客観的統計から治安悪化はまったく認められない、というのが結論である」と述べている。また、2017年の刑法犯認知件数は91万5111件と過去最少で、殺人・強盗などの重要犯罪も減少傾向にあり、

現在においても治安が悪化しているという状況ではない。

[7] 子どもの安全教育の具体的な方策等については、清永ほか（2006）等の書籍に掲載されている。

[8] 住民は地域社会や公共空間における無秩序を統制する必要性は認めているものの、反面、行き過ぎれば警察の権限乱用の可能性もある。そのため、警察と地元のコミュニティの継続的で包括的なパートナーシップによる合意形成や、個人の権利の保護などをコミュニティの側も参画しつつ向き合う必要性を説いている。

[9] ハーヴェイは新自由主義が広まった背景として、他の地域を犠牲にして特定の地域がすさまじい発展を遂げたこと（1980年代の西ドイツやアジアの一部諸国、90年代のアメリカやイギリス）や、上流階級や支配階級の権力の回復に役立ったことを挙げている。そして、このような成功の影で社会的不平等が拡大したが、メディアは支配権力によってコントロールされ、失敗は競争力のなかった個人の責任であるといった考えを広め、構造的な問題が隠ぺいされてきたと指摘している。

[10] 小宮（2001）は犯罪統制としてのパトロールには3つの段階があるとした。1つ目は行政（警察など）によるフォーマル・コントロール、2つ目は地域住民やNPO団体などによるセミフォーマル・コントロール、そして3つ目は企業や家庭内などによるインフォーマル・コントロールである。今回の事例のような地域における犯罪防止を目的とする場合には、セミフォーマル・コントロールが有効な手段であると指摘している。

[11] たとえば国連薬物・犯罪事務所（UNODC）の統計によると、凶悪犯罪である殺人の人口10万人当たりの発生率を見ると、アメリカは2012年に4.74人、2016年に5.35人であるのに対し、日本は2012年に0.33人、2016年に0.28人である（United Nations Office on Drugs and Crime (UNODC), "STATISTICS AND DATA" https://dataunodc.un.org/crime 2018年12月30日参照）。

[12] 地域（コミュニティ）の安全を維持するための犯罪統制の手法が、日本においては子どもの防犯問題を中心として展開したことについては、今後検討がなされるべき課題である。

[13] 本稿で取り上げた新聞記事は「中日新聞しずおか（2018年5月16日）」以外は、朝日新聞の新聞記事検索「聞蔵Ⅱビジュアル」に収蔵されている記事である。

[14] ここでは再帰的伝統遵守としているが、「集合的再帰性」と表現される場合もある。この日本社会における集団主義的な再帰性については、中西（2013）が、日本の企業や市場のことを中心に論じている。本事例のような日本における「地域」をはじめとするさまざまな共同体においてこのような再帰性があることを念頭におく必要がある。

[15] 子どもが通学路で犯罪に遭わない最も安全な方法のひとつとしてスクールバスの利用がある。しかし、平成20年の文部科学省の調査によれば、大都市を抱えた都府県ほど導入率が低く（スクール専用バス、路線バス利用、両者を併用、を合わせても東京都13%、神奈川県18%、埼玉県24%、大阪府36%など）、通学路という公共空間を子どもは歩いて行き交うことになるため、子どもの見守りは今後とも続くことが考えられる。

参考文献

朝日新聞社『朝日新聞』

Beck, U., L. Scott & A. Giddens (1990) *The Consequences of Modernity*. Polity Press.（ベック・ギデンズ・ラッシュ／松尾精文・小畑正敏（訳）(1993)『近代とはいかなる時代か？：モダニティの帰結』而立書房）

中日新聞社 (2018)『中日新聞しずおか2018年5月16日朝刊』

Giddens, A. (1991) *Modernity and Self-Identity: Self and society in the late modern age.* Stanford University Press. (ギデンズ/秋吉美都・安藤太郎・筒井淳也 (訳) (2005)『モダニティと自己アイデンティティ：後期代における自己と社会』ハーベスト社)

浜井浩一・芹沢一也 (2006)『犯罪不安社会：誰もが「不審者？」』「第1章 犯罪統計はどのように読むべきか」(pp.15-74) 光文社

Harvey, D. (2007) *A Brief History of Neoliberalism.* Oxford University Press. (ハーヴェイ/渡辺治 (監訳) (2007)『新自由主義：その歴史的展開と現在』作品社)

Harvey, D. (2005) *Spaces of Neoliberalization: Towards a theory of uneven geographical development.* Franz Steiner Verlag. (ハーヴェイ/本橋哲也 (訳) (2007)『ネオリベラリズムとは何か』青土社)

Kelling, G. L. & C. M. Coles (1998) *Fixing Broken Windows: Restoring order and reducing crime in our communities.* Free Press. (ケリング・コールズ/小宮信夫 (監訳) (2004)『割れ窓理論による犯罪防止：コミュニティの安全をどう確保するか』文化書房博文社)

清永賢二・宮田美恵子・村上信夫 (2006)『子どもの安全はこうして守る！』グラフ社

小宮信夫 (2001)『NPO によるセミフォーマルな犯罪統制：ボランティア・コミュニティ・コモンズ』立花書房

文部科学省スポーツ・青少年局 (2008)『国内におけるスクールバス活用状況調査報告』株式会社三菱総合研究所 人間・生活研究本部　http://www.mext.go.jp/a_menu/kenko/anzen/1289310.htm（2019年4月3日参照）

中村攻 (2005)『安全・安心なまちを子ども達へ』自治体研究社

中西眞知子 (2007)『再帰的な近代社会：リフレクシブに変化するアイデンティティや感性、市場と公共性』ナカニシヤ出版

中西眞知子 (2013)「再帰性の変化と新たな展開：ラッシュの再帰性論を基軸に」『社会学評論』64(2): 224-239.

大嶋尚史 (2013)「安全教育が目指しているものは何か？：通学路に関する学校安全セミナーの事例から」『社会学ジャーナル』38: 85-100.

大嶋尚史 (2015)「子どもの「守れない安全」を守ることの意味：パトロールによって「顔見知り」を作る意義とは何か」『社会学ジャーナル』40: 79-96.

Putnam, R. (2000) *Bowling Alone: The collapse and revival of American community.* Simon & Schuster. (パットナム/柴内康文 (訳) (2006)『孤独なボウリング：米国コミュニティの崩壊と再生』柏書房)

芹沢一也 (2007)「〈生存〉から〈生命〉へ：社会を管理する二つの装置」芹沢一也・高桑和巳 (編)『フーコーの後で：統治性・セキュリティ・闘争』(pp.75-117) 慶応義塾大学出版会

渡辺治 (2007)「付録 日本の新自由主義：ハーヴェイ『新自由主義』に寄せて」ハーヴェイ/渡辺治 (監訳)『新自由主義：その歴史的展開と現在』(pp.290-329) 作品社

坪井　瞳

第5章 施設の子どもの教育問題
── 子ども間教育格差

1 教育を受けることが「当たり前」の時代のなかで

> すべて国民は、法律の定めるところにより、その保護する子女に普通教育を受けさせる義務を負ふ。義務教育は、これを無償とする。

これは、日本国憲法第26条第2項に定められた、教育を受けさせる義務および義務教育について規定した条文である。私たちがよく「義務教育」と呼んでいるものは、この規定に基づく教育を指している。保護者は学齢期の子どもを小学校、中学校、中等教育学校前期課程（1998年より追加）に通学させるよう取り計らう義務があり、かつすべての日本国民は、法律の定めるところにより教育を受ける権利も有している。また、義務教育はもちろんのこと、就学前・後期中等教育・高等教育など、すべての学校教育法に定められた場では、教えられる内容は学習指導要領などをはじめとするナショナルカリキュラムによって規定されている。

その内容とは、その時々の社会にとって・国家にとって望ましい人材育成方針を映す鏡のようなものとして捉えられるだろう。たとえば戦時中であれば、お国のために奉公し立派な国民となることであった。現在であれば、先進技術を活用することで、新たな価値を創出し、地域、年齢、性別、言語等による格差なく、多様なニーズ、潜在的なニーズにきめ細かに対応したモノやサービスを提供することのできる新たな時代に対応できるグローバル人材が必要であるという。「人間の強み」を発揮し、AI等を使いこなしていくためには「文章や情報を正確に読み解き対話する力」や「科学的に思考・吟味し活用する力」、「価値を見つけ生み出す感性と力、好奇心・探求力」という、就学前教育から

高校まで共通した育むべき資質・能力の3つの柱が提示されている。学校教育とは国の人材育成の基礎であり、あまねくすべての子どもたちに行き届くシステムとして存在していると言えよう。

　現在はほぼ100％の子どもが小・中学校に在籍している一方、義務教育外の教育段階である就学前教育（幼稚園・認定こども園・保育所）、後期中等教育（高等学校・中等教育学校後期課程）、高等教育（大学・短期大学など）段階への就学については、字義通り就学の義務はなく、任意での就学となる。表5-1を確認すると、ほとんどの子どもが1970年ごろから就学前教育から後期中等教育までを経験するようになっている。

　戦後日本の就学前教育制度における義務教育段階前の就学前教育は、文部科学省（旧文部省）の学校教育機関である幼稚園と、厚生労働省（旧厚生省）の児童福祉施設である保育所との二元化によって発展してきた。一般家庭の4・5歳児の幼稚園・保育所への就園率は、1975年（昭和50年）に約8割（この頃は3歳児保育は一般的ではなく、3歳児の就園率は25.0％）、2007年（平成19年）に約9割に達した（3歳児は75.7％）。現在は、4・5歳児の幼稚園・保育所への就園率はほぼ100％に近い（3歳児は86.2％）。いずれの子どもも何らかの就学前教育機関に所属し、幼児教育を受けたうえで小学校に入学することが今や標準化している[1]。

　高校、大学はどうであろうか。高校が1950年（昭和25年）時点で42.5％、大学が1954年（昭和29年）時点でも10.1％であり、義務教育への就学率と比べるとそこにはずいぶんと大きな差が存在していた。しかしその後、高校進学率は高度経済成長期に上昇する。60年代後半には、政治公約に高校の義務教育化が掲げられたり、「15の春を泣かせない」をスローガンにした高校全入運動の展開、奨学金貸与枠の拡大などにより、高校進学率は1970年（昭和45年）に初めて8割を超え、1974年（昭和49年）には9割に達した。その後、年を追うごとに着実に進学率は増加し続け、2000年（平成12年）以降は90％台後半の進学率を保っている。すなわち現在は、高校への進学もまた標準化していると言えよう。

　大学、短期大学などの高等教育への進学率（以下、大学進学率）も、高校進学率同様右肩上がりの上昇を見せている。1950年代には約1割であったが、1970年代半ばごろから増加の傾向が見られるようになる。1976年（昭和51年）には38.6％、1980年代ごろからは企業などでの高度技術者などの大卒需要が高

表5−1 就園率・進学率の推移

区分	幼稚園就園率	義務教育就学率		高等学校等への進学率（高等学校の通信制課程（本科）への進学者を除く）			大学（学部）・短期大学（本科）への進学（過年度高卒者等を含む）		
		学齢児童	学齢生徒	計	男	女	計	男	女
昭和25年度	8.9	99.64	99.20	42.5	48.0	36.7	…	…	…
35	28.7	99.82	99.93	57.7	59.6	55.9	10.3	14.9	5.5
45	53.8	99.83	99.89	82.1	81.6	82.7	23.6	29.2	17.7
55	64.4	99.98	99.98	94.2	93.1	95.4	37.4	41.3	33.3
60	63.7	99.99	99.99	93.8	92.8	94.9	37.6	40.6	34.5
平成 2	64.0	99.99	99.99	94.4	93.2	95.6	36.3	35.2	37.4
7	63.2	99.99	99.99	95.8	94.7	97.0	45.2	42.9	47.6
12	61.1	99.98	99.98	95.9	95.0	96.8	49.1	49.4	48.7
17	58.4	99.99	99.98	96.5	96.1	96.8	51.5	53.1	49.8
22	56.2	99.96	99.97	96.3	96.1	96.5	56.8	57.7	56.0
23	55.7	99.95	99.96	96.4	96.2	96.7	56.7	57.2	56.1
24	55.1	99.95	99.96	96.5	96.2	96.8	56.2	56.8	55.6
25	54.8	99.96	99.96	96.6	96.2	96.9	55.1	55.1	55.2
26	54.2	99.96	99.96	96.5	96.1	96.9	56.7	57.0	56.5
27	53.5	99.96	99.97	99.6	96.2	97.0	56.5	56.4	56.6
28	48.5	99.95	99.96	96.6	96.3	96.9	56.8	56.6	57.1
29	46.5	＊	＊	93.4	96.1	96.8	57.3	56.8	57.7

(注) 1 学齢児童は小学生，学齢生徒は中学生。平成29年度は速報値。
  2 幼稚園就園率：小学校第1学年児童に対する幼稚園修了者数の比率。
  3 義務教育就学率：義務教育学齢人口（外国人を除く就学者＋就学免除・猶予者＋1年以上居所者数）に対する外国人を除く就学者数の比率。
  4 高等学校等への進学率：中学卒業者及び中等教育学校前期課程修了者のうち，高等学校，中等教育学校後期課程及び特別支援学校高等部の本科・別科並びに高等専門学校に進学した者（就業進学した者を含み，過年度中卒者などは含まない）の占める比率。
  5 大学（学部）・短期大学（本科）への進学率：大学の学部・短期大学の本科入学者数（過年度高卒者等を含む）を3年前の中学卒業者数及び中等教育学校前期課程修了者数で除した比率。
  6 ＊：速報値では未確定。

資料：文部科学省「学校基本調査報告書」

まり、1993年（平成5年）には40％、2005年以降は50％を超え、2017年（平成29年）では57.3％の進学率が見られる。

　こうして、1970・80年代ごろから今に至るまで、子ども期と呼ばれる時代は学校教育と共に在り、20歳ごろまでは「学校に行くことが当たり前」となった。

　こうして進学率が上昇し学校に通うことが標準化すると、学校という場に対

する批判も出てくる。1980年代は、学校という場が構造的にもつ規律権力に対する批判や、学校問題が顕在化してきた時代であった。学歴社会、受験競争、いじめ、登校拒否・不登校、自殺や家庭内暴力、少年犯罪といった子どもや教育に関わる問題が着目されるようになった。その時期、イリッチ『脱学校の社会』（1970=1977）が世界的に注目されたように、家族や学校に囲い込まれた子ども時代や、大人社会への同化を強制するかのような子ども観への反省の機運が生じていった。こうした批判や問題は、学校という場が大衆化したからこそそうした「当たり前」に対する対抗言説として現れたと言えよう。

　その成果もあり、その後、90年代以降では学力観や学校像の転換が模索される。2010年代に入ると、今度は、格差社会の社会問題化を背景に、流動的な社会を生き抜く術のひとつとして、教育を受けることの重要性が社会的に認識されるに至る。さらに、2013年（平成25年）、「貧困の世代間連鎖の解消」と「積極的な人材育成」を「学校教育をプラットフォーム」として行うことを示した「子どもの貧困対策推進に関する法律」が制定され、同法に基づき、2014（平成26年）には「子どもの貧困対策に関する大綱」が策定され、教育を手がかりとして社会的に排除された子どもの社会的包摂を図るという方針が強調されるようになった。

　就学前教育から高等教育までのおおむね画一化された子ども時代を送ることが標準化し、そのことの問題性や権力性が指摘されながらも、重要性が再認識されているのが現代の日本の教育の状況である。だが、その陰に「教育を受けることが当たり前」ではなかった子どもたちがいる。児童養護施設の子どもたちである。

　本章では、児童養護施設の子どもの教育機会の状況と、そこに存在する包摂と排除の構造について明らかにし、単純な学校化批判や単純な教育保障の推奨、すなわち教育の功罪・要不要といった議論に囚われていては見えてこない支援を要する子どもの現状を考える。

2　児童養護施設の子どもの教育実態

2-1　児童養護施設とは

　家庭での養育が困難な子どもを乳児院や児童養護施設等の児童福祉施設で養育することを「社会的養護」と言う。「児童虐待」や「格差社会」「子どもの貧困」など、子どもの養育環境の多様化が社会問題として顕在化する中で、近年、社会的養護の場やそこで生活を営む子どもの姿に注目が向けられつつある。こうした社会的養護で育つ子どものうち、おおむね18歳未満の子どもがそれまで生活していた家庭から離れ、入所し生活を送る施設として、児童養護施設という場がある。児童養護施設は、社会的養護において最も入所者数が多い代表的な施設である。

　現在、児童養護施設は全国に601施設あり、約3万人の子どもが入所し、生活を送っている。入所する子どもの年齢層は、就学前が約4,000人、就学後の児童数は 約25,000 人であり、全入所児童に対する幼児の割合は13.4%、小学生32.4%、中学生16.8%、高校生は19.1%である。特に近年は、中高生の在所が増加しており、中卒後の進路、大学等への進学、就職や退所後のアフターケアなどに代表される「自立支援」が重点化されている。

　しかし、その歴史をひも解けば、ごく最近まで、入所者たちにとって、義務教育以外の教育機会は、一般の子どもよりも限られたものであり続けてきた。その実、2000年代以降、ようやく就学保障がなされるようになってきたのが実情である。

2-2　高校進学の実態

　児童養護施設の子どもの教育機会は、2000年ごろまで高校進学問題として語られてきた。現在に至るまで、児童養護施設に入所する子どもは、基本的に義務教育修業年限である15歳の時点で「進学もしくは就職」の選択を迫られている。これは入所や、入所中の子どもの処遇について取り決めている児童福祉法の中で定められているものである。進学であれば措置継続となり、そのま

ま児童養護施設で生活することが可能であるが、就職であれば基本的には退所となる。

　その場合、中学や高校卒業後は、基本的に「自立」の道が待っている。この「自立」とは、施設を退所し、職業に就き、自分ひとりで生活費を稼ぎ、自分ひとりで家を借り、生活を営む経済的自立と、そうした試練をも生き抜く精神的自立とを意味する。進学し施設に引き続き居住する子どもや、家庭復帰をする子どももいるが、多くの子どもはそうした自立が求められるのである。学校化批判の吹きすさぶ1980年代に出版された『ぼくたちの15歳：養護施設児童の高校進学問題』（小川 1983）では、義務教育終了後の「15歳での自立」の厳しい現状が紹介され、進路保障の必要性が切々と訴えられている。1980年（昭和55年）当時、児童養護施設の子どもの高校進学率は52.0％、就職率は48.0％と、一般家庭児童の進学率93.9％、就職率6.1％に比べると大きな開きがあった。

　その後約30年もの間、児童養護施設の高校進学率は有意に低く、慣習として中卒就労が当たり前であった。進学率は徐々には上がっていったが、一般の子どもと比べれば、さながら周回遅れの様相にあった。1980年代当時といえば、先にふれた学校化批判まっさかりの時代である。後期中等教育が大衆化し、だからこその「当たり前」に対して学校化批判が現れた時代に、子どもたちの間にはこのような教育機会の格差が横たわっていたという現実がある。

　政府も一般生徒の高校進学率が9割に達する時代に、児童養護施設の子どもたちを放置していたわけではない。1973年（昭和48年）には、高校進学を奨励する旨の「養護施設入所児童等の高等学校への進学の実施について」という厚生省通達がなされ、進学奨励の制度化が始まった。1975年（昭和50年）には、特別育成費の支弁が可能となり、1975年には公立高校、1988年には私立高校への進学が可能となった。しかし、1975年以前には、国からの義務教育後の進学資金に関する支弁は無く、義務教育終了後は社会に出て就職・自立という進路指導がなされていたこともある。制度化以降もしばらくは中卒就労は児童養護施設の子どもの、そして進路指導を行う職員や施設の慣習となっていた。

2-3　進む教育への包摂 —— 2010年代以降

　その後、ようやく児童養護施設の子どもの高校進学率は2014年（平成26年）には95.2％と、一般家庭児童の進学率98.5％と大差ないところにまで上昇する。

こうした高校進学率上昇の背景には、いくつかの要因が考えられよう。

2009年（平成21年）には中学生の通塾費用の支弁開始、2010年（平成22年）には児童養護施設に限らず、すべての世帯に対する高等学校授業料無償化が始まり、高校進学にともなう学資金のハードルは、1980年代よりもさらに低くなった。その背景には、児童福祉法の改正と自立支援ニーズの高まりもある。1994年、日本においても子どもの権利条約が批准され、1994年の児童福祉法改正では「保護から自立へ」がうたわれた。そして2004年の児童福祉法改正では「（施設を）退所したものに対する相談、その他自立のための援助を行うこと」が法律上に明文化され、中卒就労による「自立」ではなく、高校進学による「自立支援」を推奨する制度が強固なものになったということもある。

こうしたなか、子ども自身や施設の自助努力もなされた。前述のとおり、1980年代ごろまでは中卒就労は児童養護施設の子どもの、そして進路指導を行う職員の慣習となっていたが、徐々に高校進学をする子どもやそれをバックアップする施設職員も増えてくることで、進学モデルが子どもたちの間や施設職員のなかで形成されてきた。しかし、達成に至るまでには、児童養護施設の子どもの進学が学力やモチベーションなどの面において、いかに困難な実態にあるかということは、子どもたちの実態を描いた先行研究などからも多く読み取ることができる。そこには子ども自身の努力、施設職員の努力や実践への取り組み（経済的なバックアップ、信頼できる人やモデルとなる先達の存在との出会いなど）などが必要であり、進学という目標に向けた児童・施設を挙げての取り組みがある（坪井2012）。「成功例」や「良い取り組み」は、困難さのなかでの進学達成が、いかに奇跡的で偶発的なものであったか、ということも暗に示していると言えよう。

並行するように、社会のまなざしも変化してきた。上述の90年代半ばの児童福祉政策の再編による「保護から自立へ」の転換の機運のなかで、「自立」の足掛かりとなる「学歴」、それを得るためには進学の必要性があることが認識され始めたのである。そして、2000年代以降の「児童虐待」「子どもの貧困」をはじめとする子どもの養育環境の多様化・格差化が社会問題とされ、社会の関心の高まりにともない、新聞・雑誌記事、書籍、TV、ソーシャルメディアなどにおいても、児童養護施設を中心とする社会的養護の場やそこで生活を営む子どもたちの存在に目が向けられるようになってきた。大きな追い風となったのが、児童養護施設という場自体に注目が集まった「タイガーマスク運動」

である。これは児童養護施設が社会から注目を浴びる機会が増えた大きな出来事であり、社会的養護に関連する政策へも影響を与えた[2]。

　児童養護施設の小・中高生への学習支援を実施する行政の動き、NPO・ボランティアなども特にタイガーマスク運動以降顕著に増加した。こうしたソーシャルアクションは大きな潮流となり、児童養護の子どもの進学率上昇のひとつの要因となっているとも考えられよう。

　その後、2014年（平成26年）には「子どもの貧困対策に関する大綱」が施行されるなど、児童虐待や貧困など要保護の子どもをはじめとする社会・文化・経済的に困難な状況にある子どもの存在が、国外・国内で注目されるようになる。大綱ではその目的・理念に、「子供の将来がその生まれ育った環境によって左右されることのないよう、また貧困が世代を超えて連鎖することのないよう、必要な環境整備と教育の機会均等を図る。すべての子供たちが夢と希望をもって成長していける社会の実現を目指し、子供の貧困対策を総合的に推進する」と明記され、教育が社会的排除の解決の鍵であることが示されるようになったのである。

2-4　就学前教育の実態

　次に、児童養護施設の子どもの義務教育段階前の状況について見てみる。実のところ、就学前教育段階については公式のデータすらないため、筆者は2015年に全国の児童養護施設601施設を対象に、「児童養護施設の幼児の生活実態調査・2015」（坪井 2017）を行った。その結果、入所する4・5歳児の就学前教育の利用率は87.9%（幼稚園74.3%、認定こども園8.6%、保育所3.7%）、全国 の4・5歳児の利用率100%に比して約12%も低い実態が見られた。つまり、児童養護施設の子どもの就学前教育については、調査以前のデータはわからないものの、現代に至ってもさながら周回遅れのまま、一般家庭の子どもの利用率には追いついていない状況と言える。

　また、この就学前教育の利用のうち大半が幼稚園へと就園している点も重要である。幼稚園利用率が高く、保育所の利用率が低い特徴の背景には「二重措置」という独特の認識がある。「二重措置」とは、児童養護施設も認可保育所も同じ児童福祉施設であることから、同じ子どもに二通りの福祉的措置をすることを避けるということを表した、いわゆる福祉行政の業界用語である。児童

養護施設や関係機関では、施設側の自主規制、慣習、関係機関からの指導などによって保育所利用をしないことを自明のこととして認識している状況がある。

　この認識には2つの特徴がある。まず、「『児童養護施設・保育所はともに児童福祉施設』であるゆえに利用はできない」（幼稚園は教育機関＝教育の場であるため利用はできるが、保育所は生活の場なので不可）と捉えられているということ。次に「児童養護施設には職員（保育士）の配置基準があるため、保育所の入所要件である『保育を必要とする』（旧：保育に欠ける）状態に無い」と捉えられているということが挙げられる。しかし、関係する制度を見直しても、「二重措置」という文言は見当たらず、児童福祉施設の二重の利用を妨げる制度も見当たらない。まさに「慣習」として、保育所入所を避けている状況がある[3]。

　ほとんどの児童養護施設の子どもの親権は戸籍上の保護者にある[4]。しかし、児童福祉法上「保護者とは親権を行う者、未成年後見人その他の者で、児童を現に監護する者をいう」（第6条）とされ、「児童養護施設の職員＝その他の者で児童を現に監護する者」と捉えることができるだろう。その保護者的な存在である施設職員は、労働環境調査からも「子ども・親との関わり、記録、会議、行事、その他雑務など膨大な業務がある」（堀場2013 p.237）と指摘されているように、一般家庭で保育所入所が認められる就労世帯と同様の状態にあるとも捉えられよう。にもかかわらず現状では、児童養護施設と同じく社会的養護のひとつである里親委託のように保育所利用の可能性を明文化されるわけでもなく[5]、むしろ「二重措置」という認識のもと、児童養護施設自身による「自主規制」や都道府県・児童相談所など関係機関の「牽制」のもと、保育所がほぼ利用されず、幼稚園利用に狭められている状況にあるのである。都市部などでは幼稚園・保育所がともに施設から通える範囲にいくつか存在し、利用の選択ができる状態にあるが、そもそも就学前教育機関が少なかったり、周囲に保育所しかない場合は、その利用の範囲を狭められてしまう状況もあるのだ。就学前教育においては、先に述べた1980年代当時の児童養護施設の高校進学の状況と同様、一般の子どもと比べれば、2010年代の今もさながら周回遅れの様相にあると言えよう。

3 教育による「包摂」のジレンマ

3-1 「包摂」のなかの「排除」── ①高校入学後の中退問題

　以上のように、学校に通うことが当たり前の社会のまなざしの変化のなかで、児童養護施設の子どもの高校進学率は30年遅れてようやく上昇した。就学前教育に至っては全体の7割が幼稚園に通っているものの、二重措置の名のもとに保育所への通所の自粛もあり、未だ教育が行き渡っていない状況が見えてくる。

　さらに、進学率が一般家庭と比肩したからと言って、一部の子どもが幼稚園に通っているからと言って、「教育を受ける機会が設けられました。これにて一件落着」とは言えない複雑な現実がそこには横たわっている。教育に包摂されたからこそ見える現実やそのジレンマもまた新たに現れてくるのだ。

　そのジレンマのひとつが、高校進学率が右肩上がりに上昇する一方での、高い退学率という事実である。

　全国児童養護施設協議会（2018）の調査によると、高校の中退率は、2005年（平成17年）は7.6％（全国2.1％）、2017年（平成29年）は3.5％（全国1.3％）と、全国に比べ児童養護施設の子どもの中退率は非常に高い。また、全国の中退率の算定方法は、高等学校に在籍している間の中退者の割合であるが、全養協調査は進学後半年以内の中退者の割合である。両データは母集団が異なるため厳密には比べられないが、全国の算定方法で児童養護施設の中退率を調べれば、進学後半年の割合よりも大幅に高い数字となることは、容易に想像できるだろう。

　中退の顕著な理由には、児童養護施設特有の理由が見られる。それは、「学業とアルバイトとの両立が困難」という問題である（坪井2012）。以前は中卒就労による「自立」が求められたが、今も高校卒業後は基本的に「自立」の道が待っている。生活を営むためには、賃貸住宅の敷金・礼金や月々の家賃、生活用品、当面の生活費などまとまった資金が不可欠である。近年は退所時の自立資金なども支弁されるようになったが、その額はわずかなものである[6]。大学などに進学する場合においても、その学費は保障されないため、奨学金や

就学貸付金を受けたり、足りない部分はアルバイトなどで補填するしかない。高校で教育を受け、学び、将来的な自立の手立てとなる知識やスキルを身につけるはずが、子どもたちの多くは、そのための費用を調達するためのアルバイトに勤しまざるをえない。そうしているうちに、学習の時間が十分にとれず、学力やモチベーションが下がってしまうというジレンマがあるのだ。

　また、児童養護施設の子どもの大学進学について当事者へのインタビュー調査を行った西本佳代によると、金銭的な支出の困難さに加え、金銭管理・人間関係における困難・就職に対する不安などがあるという（西本 2018）。同様に、全国児童養護施設協議会（2018）でも、進学後の課題や必要な支援として経済的支援に加え、継続的な支援が課題であることが挙げられている。そうした試練を生き抜く精神的自立をも求められる彼らの置かれた状況は、「自己責任」のみに帰結できる問題ではないことは明らかであろう。

3-2　「包摂」のなかの「排除」──②幼稚園受け入れ側の「偏見」

　幼稚園での児童養護施設児の受け入れ状況でも、あるジレンマが示されている。筆者が行った児童養護施設長に対するインタビューを紹介しよう。両方とも施設の移転にともない、"園探し"（新たに通園できる範囲内の幼稚園を探す状況）をした際の話である。

施設長：（来年度の施設移転に際して、在所児童の転園先を）去年開拓したときはもう、一つ一つあたっていくしかなくて。

筆者：　しらみつぶし、みたいなかたちで？

施設長：はい。まあこちらの条件にかなうところ、かないそうなところを順にあたっていくしかないですね。で、やはり「施設の子どもを受ける」ってなると、ちょっと向こう（幼稚園）も「ん？」って思うところもあるようで。どこもすんなりとはなかなかいかないですけれども。この辺りは、アッパーな層が多い所ですよね。特に○○○（地名）っていう、特に高級住宅街の中にはまっていくもんですから。たいぶお育ち良く子どもたちを仕込まなくちゃいけない。

筆者：　幼稚園側も、そういうお子さんたちが多く通われていることに慣れ

てるからこそ？

施設長：そうです。ええ。

筆者：　なるほど。どうですか？ あたりは付きそうですか？ 今探されてて。

施設長：まあ。ただほんとに全員行けるかな、というのはちょっと心配はしてるところです。

筆者：　もしかしたら、このまま入園先や転園先が見つからない子も出てきてしまいそうですか？

施設長：はい。

筆者：　そうですか。じゃあ、とにかく受け入れてくださる園であれば、そこにお世話になろうというようなかたちで？　じゃあこの1年間ほんとに大変ですね。今通ってらっしゃる園も2つおありだと？

施設長：ええ。2つ。区内に2つお願いをしてます。　　　　　　　　【A施設】

施設長：（過去の施設移転の際）で、こっちに転園してくるときに、幼稚園は幼稚園でいろいろ縄張りじゃないけど。なので、向こう（幼稚園）も察して「こちらの方の幼稚園で」っておっしゃって、それでしばらくは A 幼稚園に行ってたんだけど。何て言ったらいいんだろう、やんわりとまあ途中で、「いまいる子たちが卒園するまでは見るけど、それ以後はちょっと…」って言って。何かものすごく問題起こしたりとかしたわけじゃないし、幼稚園の先生方もよくやってくださっていたんですけども、まあ幼稚園の園長先生のお考えとしては、要は「（施設の子どもは）愛着に飢えてる子たちだから先生とか独占しちゃいたい」というか、そういう感じのことがいろいろあって。で、「（他の）子どもの親御さんとか子どもとかが（気にする）」、やっぱり幼稚園もサービス業って言ったら悪いけど。それなりのブランドもあるところだったから。…っていうふうに、丁寧に慇懃にお断りをされて。だから両方行ってましたよ、一時は。

筆者：　A幼稚園とB幼稚園に？

施設長：そう。今年Aに行ってる子はひとりなんですよね。でもちゃんとスクールバスが前まで来てくれるんですけど。そこは丁寧にやっていただいてて。

筆者：　じゃあ今もA幼稚園にはひとりはお世話になってるんですね。

施設長：ええ。でもこれでA幼稚園との関係は終わりましたね。

筆者：　その子が卒園したらもう終わり？

施設長：ええ。もう卒園したら。もうこれでそうだ、ほんとに終わったんだな（笑）、改めて。でも、またお願いしたら入れてくれるっていう話ではあった。でも、なんかちょっと渋られちゃう感じで。

筆者：　前からずっとお世話になっているB幼稚園とはいかがですか？

施設長：そうそう。お世話になって、おつきあいのあるところなので「いいよ」と言ってくれた。まあ「こんなふうなんだけど」って話して。だからこれでもうB園だけ（とのつきあい）。ただ、B園の方は送り迎えをしないといけない。移転する前は近かったけれど、ちょっと離れたもんで。

筆者：　どれぐらいあるんですか。

施設長：車で15分、20分ぐらいですかね。

筆者：　少しありますね。なるほど。じゃあB幼稚園とのつきあいの方がずっと長いし、受け入れも好意的なんですね。

施設長：そうです。あそこ（B幼稚園）はいわゆる、いわゆる、って言っていいのか、わりと自由な保育をされてるところで。A幼稚園はお行儀の良い、通常の指導もある幼稚園です。ま、対照的な。まあ一長一短があっていいんだけど。　　　　　　　　　　　　　　　　　　　　　【B施設】

　　受け入れ先の幼稚園側の見解は聞いておらず、あくまで児童養護施設職員側の認識を基にした解釈であるが、ここでは、幼稚園では、入園後の園文化・指導への適応が求められ、不適応と見なされると"やんわりと"入園や園生活の継続を断られるという児童養護施設の子どもの入園受け入れに対する偏見があることがうかがわれる。その背景には、「他の園児の保護者からの幼稚園への評判・視線」も気にかけている幼稚園の姿が確認されよう。

　　一般的に私立幼稚園への入園に際しては、抽選や先着順、建学の精神など設置者の理念に基づく選考が行われるが、その線引きには統一的で明確なものはなく園それぞれに任されており、その実態は明らかではない。「幼稚園は親の選択と園側の選考基準に『合格』した子どもが、園との直接契約によって入園するシステム、そのため保育保障に関しては市町村を始め公の実施義務はな

い」（全国保育団体連絡会・保育研究所編 2015 p.33）とあり、一般的にもその選抜の様相は不明瞭な状況がある。

　そもそも日本の幼稚園を含む就学前教育機関は、就学後の学校教育とは一線を画した独自の空間が保たれている。小・中・高の学習指導要領には「単元」という学ぶべき・教えるべき具体的なカリキュラムが存在するが、就学前には「ねらい」と「内容」という抽象的な、各園の保育・教育方針によっていかようにもアレンジ可能なカリキュラムのベースとなるものの提示にとどまっているため、日本の就学前教育には多種多様な場が存在する。それは、就学前教育では私立学校、社会福祉法人などの私立の施設が多くを占めており、就学後の学校教育では公立学校が多く占めている状況とは一線を画していることもその要因のひとつと言えるであろう。

　また、日本の保育は「貧困な保育条件（予算、人的配置など）と環境のなかで、保育者は細かな配慮と子どもへの温かく情緒的な関わりによって、一斉活動集団を組織し（集団づくり）、子どもに受動的で同調的な資質を育て、一元的な価値観に基づいた序列化を行っている。その実践の細部には魅力的な点は多々あるとしても、背景には競争と選別を前提とした多様性を許容しない排除的（異質な子どもは序列の外におかれ排除される）な価値観と論理がある」（浜谷 2018 p.18）という面もあることが厳しく指摘されている。こうした日本の幼稚園文化のなかで、一見、幼稚園において教育を受ける機会が設けられているように見えるが、そこでは受け入れのバイアスがあり、児童養護施設から通う子どもたちという「異質性」が受け入れられない様相があるのだ。前述のとおり、「子どもの貧困に関する大綱」において社会・文化・経済的に不利な子どもに対する幼児期からの教育の重要性が示されるなど、困難な状況にある子どもにとってこそ就学前教育の機会が重要であることが学術的にも政策的にも認識され始めている。

　しかし、幼稚園を例に挙げれば、教育課程の基準である幼稚園教育要領（文部科学省 2017）の「特別な配慮を必要とする幼児への指導」の項目において、「障害のある幼児などへの指導」、「海外から帰国した幼児や生活に必要な日本語の習得に困難のある幼児の幼稚園生活への適応」について指導上の配慮が述べられているが、社会的養護などをはじめとする「多様な家庭」への配慮や記述は見られない。そこでは、教育の機会の重要性は大枠としては示されたが、日々の保育における実際の細やかで具体的な理解の手立てや指導上の配慮など

が未だ示されていないということを表しているであろう。

4 「包摂」と「排除」の概念を超えて
──多層的な理解と支援の必要性

　改めて児童養護施設の子どもの教育問題を概観してみると、そこには「包摂と排除の入れ子構造」（倉石 2012）が見られる。高校進学では、1970年代には標準化した一般的な状況に対し、児童養護施設の子どもに対しても制度化・資金援助が図られるが、進学に対する意識が追いつかず、周回遅れの進学率があったが（排除1）、自助努力と社会のまなざしの変化、「子どもの貧困対策法」などにおける教育的包摂の強調と新たな制度化が進学率を引き上げた（包摂1）。しかし、自身の将来の自立のために学ぶ場において、その近い将来の自立のために必要となる生活費を貯めるためにアルバイトに勤しまざるをえないという現実からの高校中退（排除2）という構造が見られる。

　就学前教育では、標準化した就学前教育の利用の一般的な状況に対し、児童養護施設においては未だ利用率が低く、幼稚園中心の利用に偏っている。保育所利用については「二重措置」という慣習があり、その利用は低く抑えられている（排除1）。一方で、国家的には「人格の基礎を作る」幼児教育の重要性が認識され（包摂1）、「子どもの貧困対策法」などにおける教育的包摂の強調がなされているが（包摂2）、利用している子どもや施設に対しては、偏見が存在する（排除2）という、その内部に排除の種を宿したかたちで教育に包摂される構造が見られた。

　1節でも触れたように、80年代には学校化社会への批判もあったが、現在はより一層、教育政策的に、長期の学校教育の重要性が高まっている。

　2017年、学習指導要領等が改訂された。今回の改訂の大きなポイントは、就学前教育（幼児教育）から高等学校まで連続性をもった（串刺しにした）教育課程の基準として、子どもたちに育成すべき「資質・能力」という観点が示されたという点である。選挙権年齢も18歳に引き下げられ、「18歳の段階で身につけておくべき力は何か」という観点から幼児教育、初等教育、中等教育それぞれのあり方を考えていく必要があることや、幼・小、小・中、中・高の学びの連携・接続についても、各学校段階の特徴を踏まえつつ、前の学校段階での

教育が次の段階で生かされ、学びの連続性が確保されることが重要であることが述べられている。すなわち、現在の日本の教育政策の方向性とは、自立や成人というゴールを設定され、「未来のために今を生きる」という逆説的にこつこつと各段階における目標を達成する体系化された人材育成が目指されていると言えよう。

また、先の「子どもの貧困対策法」などをはじめとして、教育を手がかりとして社会的包摂を図ることを国として目指すようになった。まさに「教育は人生前半の社会保障」（広井 2006）なのだ。教育を通した人材育成が流動的な時代を生き抜く術として、今改めて確立されつつある。

本章の事例からは、子どもを子どもという集合体で見るのではなく、児童養護施設の子どもという視点から教育機会を見ることによって、教育の功罪・要不要という単純な二分法では語りえない現実が確認される。教育社会学において、子ども自身の属性の影響下で、卒業後の進学や就職へのアクセス可能性が異なる「走路（トラック）」へと生徒を分割していくことを「トラッキング」と言うが、現在、就学前教育の段階から教育のトラックに乗らなければ、国の示す人材育成方針に乗ることができない。けれども乗ったところで、「戦後日本における教育の大衆化は、教育への量的なレベルでの包摂という点では貢献したが、それによって学力や文化的なレベルでのさまざまな差異をめぐる問題が必ずしも解消されたわけではない。親の教育意識や収入といった家庭背景やジェンダー、地域などの違いによって、学力水準やアスピレーションに依然として格差が存在する」（稲垣ほか 2012）。そこには前提として、学歴獲得をめぐるスタートラインが平等でない競争へと巻き込まれるというジレンマがあるのだ。

現在の社会では、それぞれのライフコースにおいて、学校教育とはつきあわざるをえない「腐れ縁」的存在である。そうした存在とつきあっていくためのひとつの方策として、教育と福祉・社会保障などが交錯し、学校教育のみなどと一つの方策におもねらない新たな自立の方策を志向していく必要がある。それはかつての児童福祉における自立＝就労、という認識による一律的指導がもたらした低進学率の反省から導き出される示唆でもある。

注
[1] 就学前教育が標準化に至る経緯は、幼稚園・保育所それぞれの経緯がある。地域によって就園率に偏りがあるが、一般的な状況について確認したい。幼稚園については、1972年（昭和47年）の文部省による第2次幼稚園教育振興計画に拠るところが大きい。保育所措置児および特

殊教育対象児を除き、幼稚園に入園を希望するすべての4歳児および5歳児を就園できるように
することを目標とし、1973年（昭和48年）には各家庭の経済的負担を軽減するため、4・5歳児
を対象として幼稚園の入園料、保育料の一部を減免する幼稚園就園奨励費補助金制度が創設さ
れた。その後、1991年（平成3年）には、第3次幼稚園教育振興計画が策定され、3歳児を含め、
入園を希望するすべての幼児を就園させることを目標とし、幼稚園就園奨励費補助金の対象を
新たに3歳児まで拡大したことが、幼稚園利用に拍車をかけたと言えよう。3・4・5歳児の保育
所の利用については、戦後一貫して幼稚園利用者数に比して少なく、幼稚園利用率の状況を追
うかたちであったが、1995年ごろには保護者の就労による「保育に欠ける」（現「保育を必要
とする」）子どもが増加したことにより、幼稚園利用者数とほぼ肩を並べる状況となった。

[2] タイガーマスク運動とは、2010年の年末、群馬県の児童相談所へと匿名でランドセルが寄付
されたことをきっかけとして、全国の児童養護施設等への匿名・記名併せた寄付活動が活発に
なった社会現象である。当初の寄付が児童養護施設出身のレスラーを描いた漫画「タイガー
マスク」に由来する「伊達直人」という偽名を使っていたために、こう呼ばれる。これは、社会
的養護に関連する政策へも影響を与えた。併せてメディアなどにおいても社会的養護の特集が
組まれる機会が増え、「明日、ママがいない」（2014年）という児童養護施設を舞台にした TV
ドラマの放映、その内容の是非に関する議論が起こるなど、児童養護施設に社会的にも大きな
注目が集まった。

[3] 一般的な保育所（2015年4月1日より幼保連携型認定こども園第2号・3号認定も含む）への入
所要件は以下のように定められている。
　　　市町村は、この法律及び子ども・子育て支援法の定めるところにより、保護者の労働又は
疾病その他の事由により、その監護すべき乳児、幼児その他の児童について保育を必要とする
場合において、次項に定めるところによるほか、当該児童を保育所（認定こども園法第三条第
一項の認定を受けたもの及び同条第十一項の規定による公示がされたものを除く。）において
保育しなければならない。（児童福祉法第24条）
上記の「保育を必要とする場合」とは、以下に該当することとされている。
　　　①就労　②妊娠・出産　③保護者の疾病・障害　④同居人または長期入院している親族の
介護・看護　⑤災害復旧　⑥求職活動・起業準備　⑦就学　⑧虐待や DV のおそれ　⑨育休取
得時に保育を利用している子どもがいて、継続利用が必要であること　⑩その他、上記に類す
る状態として市町村が認める場合。（子ども・子育て支援法施行令第1条）

[4] 重篤な虐待ケースなどの場合には、家裁により親権停止・喪失の審判を下されていることも
ある。

[5] 1999年（平成11年）8月30日付　厚生省児童家庭局長通知「里親に委託されている児童が保
育所へ入所する場合等の取り扱いについて」。

[6] 「就職、大学進学等支度費」として81,260円（1人1回）、特別基準（親の経済的援助が見込め
ない場合の加算）194,930円（H29年度予算）。

参考文献

浜谷直人 (2018)「ECEC の学校化と多様性の尊重」『教育』873: 13-20.
広井良典 (2006)『持続可能な福祉社会：「もうひとつの日本」の構想』筑摩書房
堀場純矢 (2013)『階層性から見た現代日本の児童養護問題』明石書店
厚生労働省 (2015)「児童養護施設入所児童等調査結果」 https://www.mhlw.go.jp/toukei/list/69-19.
html

厚生労働省 (2017)「保育所保育指針」

倉石一郎 (2012)「包摂／排除論からよみとく日本のマイノリティ教育」稲垣恭子（編）『教育における包摂と排除：もうひとつの若者論』(pp.102‑136) 明石書店

文部科学省 (2017)「幼稚園教育要領」

西本佳代 (2018)「教育学の視点から捉える社会的養護」『子ども社会研究』*24*: 197‑212.

小川利夫 (1983)『ぼくたちの15歳：養護施設児童の高校進学問題』ミネルヴァ書房

大宮勇雄 (2016)「指針・要領改定論議は、保育をどこに導くのか：その批判的検討と私たちのめざす保育（その1）保育所保育の「教育化」をどう考える」『保育情報』*481*: 3‑11.

社会福祉法人恩賜財団母子愛育会 愛育研究所（編）(2018)『日本子ども資料年鑑2018』KTC 中央出版

坪井瞳 (2012)「児童養護施設在籍児童の中学卒業後の進路動向：A 県児童養護施設における調査から」保坂亨（研究代表）『被虐待児の援助に関わる学校と児童養護施設の連携（第3報）』(pp.40‑49) 子どもの虹情報研修センター平成23年度研究報告書

坪井瞳 (2017)「児童養護施設の就学前教育機関利用をめぐる様相：「児童養護施設の幼児の生活実態調査・2015」の分析を通して」『子ども社会研究』*23*: 87‑110.

全国保育団体連絡会・保育研究所（編）(2015)『保育白書2015』

全国児童養護施設協議会 (2018)「平成29年度 児童養護施設入所児童等の進路に関する調査報告書」

第6章 依存か自立かの二項対立を超えて
── 児童自立支援施設における「18歳問題」

藤間公太

1 はじめに

　「子どもが大人になること」を表す言葉のひとつに「自立」がある。この言葉からどんなことをイメージするだろう。成人年齢を迎えることだろうか。実家を出てひとり暮らしを始めることだろうか。職を得てお金を稼ぎ、自活することだろうか。いずれにしても、「大人とは自立しているものであり、子どもとは依存しているものである」という価値観は、日本社会で広く共有されている。

　だが、「大人＝自立／子ども＝依存」という見方は本当に妥当なのだろうか。上の例に対応させて考えれば、20歳を超えても親元で暮らしている者、実家は出ているが仕送りを受けている者、職は得ているがマイホームを買うときに親から援助を受ける者などもいる。彼らは「大人」なのだろうか「子ども」なのだろうか。また、精神疾患や障害などを抱えた親を幼い子どもがケアする「ヤングケアラー家族」と呼ばれる関係もある。この場合、親と子のどちらが「大人」なのだろうか。

　本章では、社会的養護[1] の一種である児童自立支援施設[2] における「18歳問題」を事例として、「大人＝自立／子ども＝依存」という見方を問い直す。社会的養護とは、「保護者のない児童や、保護者に監護させることが適当でない児童を公的責任で社会的に養護し、保護するとともに、養育に大きな困難を抱える家庭への支援を行うこと」を指す（厚生労働省 2011 p.3）。つまり、保護者が死亡したり病気にかかったりして子どもを養育できなくなった場合や、子どもが身体的な虐待を受けたりネグレクトをされている場合など、保護者のもとで子どもが育てられることが困難と判断されるときに、保護者に代わって子

123

どもをケアする営みが社会的養護である。子どもが社会的養護を受ける理由は時代とともに変化している。かつては父母の行方不明、離婚、入院、死亡を理由とするものが多かったが、近年では被虐待を理由とするものが大半を占めている（藤間 2017b）。この社会的養護のひとつである児童自立支援施設は、児童福祉法第44条に依拠した施設であり、非行性や養育環境上のニーズをもつ子どもに対して入園・通園による指導を行い、その自立を支援することを目的とする。また、近年では児童養護施設や里親家庭での生活に適応できなかった子どもが措置される場合もある（全国児童自立支援施設協議会 2008）。

　本章で議論する「18歳問題」とは、児童福祉法の規定上、子どもが18歳を迎えたら、まだ支援が必要な状態でも施設を退所しなければならない状況を指す[3]。施設を退所した子どもの多くは、保護者のもとに帰るか、ひとり暮らしをするかの選択を迫られる。このとき、施設を退所する子どもがどのような困難に直面するのか、その背景に社会のどのような問題があるのかを論じながら、「大人＝自立／子ども＝依存」という見方を問い直したい[4]。

2　社会的養護における子どもへの自立支援

　社会的養護の世界で子どもへの自立支援が問題となってきたのは、児童相談所が受理した児童虐待相談対応件数が右肩上がりに増加していることと関係している。1990年度よりこの数値はカウントされはじめたが、当時1,101件であった虐待相談対応件数は、2018年度には159,850件（速報値）と、100倍以上に増加している。

　虐待相談対応件数の急増は、児童虐待が実際に増加したことや、親の養育力が低下していることを必ずしも意味しない。この数値の動きは、子どもの権利や子どもの育つ環境に対する人々の関心が高まったことと関係している。そもそもこの統計がとられるようになったこと自体、「安全に育てられなければならない子どもが、虐待という許されない状況におかれているのではないか」という問題意識を反映している。安全に育てられることが子どもに与えられた当然の権利とみなされるようになった結果、「あってはならないこと」として虐待が注目されるようになった。そして、社会が虐待に注目すればするほど、「安全」とされる水準が高まるとともに、「虐待」とされる行為の範囲も拡張され、

虐待相談対応件数が増加してきたのである（上野 1996, 内田 2009）。

　子どもの権利や子どもの育つ環境への関心の高まりは、社会的養護のあり方を問い直すことにもつながった。虐待によって社会的養護を受けることになった子ども[5]をより良い環境、より安全な環境で育てなければならないという問題意識から、種々の改革が進められている。最近の例を挙げると、2017年4月には、児童虐待発生時の迅速・的確な対応などを定めた改正児童福祉法・改正児童虐待防止法が完全施行され、同年8月にはこの改正法の理念を具体化すべく、施設養護中心の現状を問題視し、里親委託の推進を強調した「新しい養育ビジョン」が発表された。

　社会的養護の改革が進められるなかで、要保護児童に対する「自立支援」についても、さまざまに議論がなされている。たとえば、18歳に達した要保護児童への支援について、厚生労働省は下記のように述べる。

　　　児童の自立を支援していくとは、一人ひとりの児童が個性豊かでたくましく、思いやりのある人間として成長し、健全な社会人として自立した社会生活を営んでいけるよう、自主性や自発性、自ら判断し決定する力を育て、児童の特性と能力に応じて基本的生活習慣や社会生活技術（ソーシャルスキル）、就労習慣と社会規範を身につけ、総合的な生活能力が習得できるよう支援していくことである。もちろん、自立は社会生活を主体的に営んでいくことであって孤立ではないから、必要な場合に他者や社会に助言、援助を求めることを排除するものではない。むしろそうした適切な依存は社会的自立の前提となるものである。そのためにも、発達期における十分な依存体験によって人間への基本的信頼感を育むことが、児童の自立を支援する上で基本的に重要であることを忘れてはならない。
　　　　　……
　　　自立支援計画を策定するためには、児童福祉の基本理念や子どもの最善の利益といった理念に基づき、権利主体としての子どもやその子どもの個別性や可能性を尊重し、その子どもの問題性の改善・回復や個性的な自己の確立、自己実現に向けた支援を行うことを基本的な考え方に捉えて取り組まなければならない。（厚生労働省 2015 p.3）

　ここでは、「適切な依存」を前提とした「社会的自立」を支援するため、子

どもの最善の利益といった理念に基づいて、要保護児童それぞれを権利主体として尊重することが求められている。要保護児童にも主体性や自己決定権があることを認めることが、その自立を支援する前提となると考えられていると見ることができるだろう。このような考え方は先の改正児童福祉法・改正児童虐待防止法にも引き継がれており、自立支援についてさまざまな規定が記されている。

　要保護児童の主体性を認めるべきという考え方は、福祉における「パターナリズム（父権温情主義）」に対する批判と関係している。パターナリズムとは、誰かを保護、支援するという目的のもとで、ときには本人の意思を無視してでも専門家が干渉、介入することを認めることである（石川 2007）。1994年に子どもの権利条約に批准して以降、日本において要保護児童の主体性が認められていないことが徐々に問題視され、「子どもの権利ノート」[6] が配布されるなど、積極的に要保護児童の主体性を認めていこうという動きが起きた。

　パターナリズムを批判し、要保護児童の主体性を認めることを主張する議論は、ある意味で「大人／子ども」という区分の相対化を試みるものであり、本書に先行する学術的な議論とも関連をもつ。1990年代以降の欧米では、「発達」や「社会化」といった概念に規定された従来の子ども研究が、「大人から子どもへの一方向的な働きかけによって子どもが大人へと単線的に成長するという図式を強く前提してしまう」として批判された。そして、「子どもの側にもエイジェンシーがあり、子どもも相互作用や社会構造の構成員である」として、「子ども」の定義の問い直しが試みられた（元森 2015 p.124）。すなわち、「ケアする大人／される子ども」、「教育する大人／される子ども」、「保護する大人／される子ども」といった区分の相対化が図られてきたのである。要保護児童を権利主体として認めよという議論においても、同様の相対化が試みられていると言えるだろう。

　たしかに、要保護児童本人の主体性を尊重することは、そのニーズを適切に把握した支援を展開していく上で重要である。だが、パターナリズムを批判し、「子どもの主体性を尊重せよ」と素朴に主張することは、ともすれば個人の孤立に帰結する危険もある。次節では、児童自立支援施設を退所する子どもが直面する困難についての事例をもとに、この点を示していこう。

3 児童自立支援施設を退所する子どもが直面する困難

　ここでは、筆者が2012年5月から2013年6月にかけてある児童自立支援施設にて行った参与観察、職員へのインタビュー調査に基づき、事例を紹介していく。なお、個人の特定を避けるため、事例を部分的に再構成したり、複数の事例を組み合わせるなどの処理を施している。

【事例1】
　Aは万引きを繰り返したことを理由に、児童自立支援施設に入所した。保護者から暴言を吐かれるなどの心理的虐待を受けており、家に帰りたくなくて街をふらついているときに出会った仲間と犯行に及んでいた。施設に入所してからもしばらくはケンカや寮での窃盗などの問題行動が出ていたが、次第に落ち着いてきた。18歳を迎えて退所する必要が出てきたとき、保護者の生活状況にはあまり変化がなく、自宅に帰らせることに施設職員は不安を覚えていたものの、A自身が「帰っても自分はちゃんとやっていける」と言って帰宅を望んだこと、本人の行動上の問題は落ち着いていたことから、その意志を尊重して帰宅させることとした。だが、結局は保護者の状況がまったく変わっていなかったため、帰宅してしばらくすると再び心理的虐待を受けるようになり、本人の生活も荒れ、今度は窃盗で逮捕されることとなった。

【事例2】
　Bは保護者によるネグレクトで里親のもとに預けられていたが、発達障害があったため里親家庭での生活にもなじめず、集団生活のもとで支援を受けるために児童自立支援施設にやってきた。入所中に資格を取得し、退所後に医療事務員として就職することが決まった。保護者の状況にまったく変化がなく、本人も家に帰ることを望まなかったため、ひとり暮らしをすることとなった。だが、大人数で暮らしていた施設の生活から急にひとりになったさみしさから、保護者に連絡をとったところ、そのときたまたま機嫌がよかった保護者から「帰っておいで」と言われて家に帰ることを選択した。だが、やはり保護者の状況は変わっておらず、乱れた生活サイクルで一緒に暮らし

ているうちに仕事に行けなくなり、生活困窮状態に陥ってしまった。

【事例3】

　Cは売春で補導され、児童自立支援施設にやってきた。明るい性格のため施設での生活にはすぐに適応し、入所中は落ち着いた生活を送っていた。18歳を迎え、退所後の生活について本人の意向を確認したところ、「働きながらひとり暮らしをして生活したい」とのことであったため、職員が一緒にハローワークに行き、飲食店での仕事を見つけた。あるとき職場で従業員の財布が盗まれる事件が発生し、「施設出身のCがやったのでは?」と濡れ衣を着せられ、職場に居辛くなり退職してしまった。保護者と絶縁していたCには頼れる場所もなかったが、「卒業した自分が施設の先生にまた迷惑をかけるわけにはいかない」と、相談にもやってこなかった。最終的に、生活のために再び売春をして逮捕され、実刑判決を受けた。

　以上の事例から示される施設退所後の困難は、次の3つである。第1に、保護者の状況が変わっていない場合、入所以前に子どもが抱えていた困難が家庭に帰った後に再び発生する場合がある。第2に、施設退所後すぐにひとり暮らしをしても、さみしさから保護者のもとに帰り、やはり困難が再発することもある。第3に、子ども本人が「退所したのだから迷惑をかけてはならない」と、施設を頼ることを自制してしまい、より困難な状況に陥ることがある（藤間 2014, 2017a）。

　これらの困難を生じさせる背景は大きく2つ指摘できる。ひとつは、福祉をめぐる日本社会の構造的な問題である。日本社会の特徴は、個人の生活保障に対して家族が多くの責任を負うことを前提とした「家族主義」にあると言われている（Esping-Andersen 1999=2000）。社会が家族主義的な構造をとる結果、「家族への阻害」がもたらす「家族からの阻害」が発生する（宮台 2000）。つまり、個人にとっての頼れる存在が家族以外にいないため、家族を頼れない者や家族に困難がある者の生活が脅かされやすい状況が発生しているのである。

　もうひとつは、冒頭で述べた「18歳問題」である。いわゆる「一般家庭」で育つ子どもは成人後も長期にわたって両親から何らかの支援を受けることが少なくないと考えられるが、児童自立支援施設にいる子どもはそうではない。事例で見たとおり、保護者自身に何らかの困難があったり保護者と絶縁して

いたりして、子どもたちが実家を頼ることができないことは少なくない。また、18歳を迎えると児童福祉法上の支援対象から外れることに加えて、当人たちも「退所したら自分のことは自分で何とかするべき」という考えを強く内面化する結果、困難を抱えても施設を頼ることを自制する部分もある [7]。その結果、生活上の困難に自分ひとりで対処せざるをえなくなる場合がある。

4　依存か自立かの二項対立を超えて

　前節では、18歳を迎えて児童自立支援施設を退所する子どもがどのような困難に直面するのかを、事例から確認した。「保護者の変わらなさ」がもたらす同居の問題や、頼れる先がないなかでひとり暮らしをすることのリスクが、そこでは示された。また、それらの背景には、家族主義的な日本社会の構造と「18歳問題」とが関係していることを指摘した。

　2節で指摘したように、社会的養護においては、要保護児童を無力な存在と見なすことへの反省が促され、要保護児童自身の主体性や自己決定権を尊重しようという動きが見られてきた。この動きは、パターナリズム批判とも通底するものであり、専門家である「大人」が支援の基準を決定することで、当事者である「子ども」のニーズが満たされなくなる事態を問題化するなかで進んできた。すなわち「子どもは無力な被支援者である」という見方を相対化する動きであった。

　先の事例からは、要保護児童自身の主体性や自己決定権を認めることに一定の意義があることが確かだとしても、それを過度に強調することにも問題があることが示されている。そしてこの問題は、日本社会における自立をめぐる規範と関係している。渡辺芳（2010）が指摘するように、また本章冒頭で紹介した厚生労働省の文書にもあるように、本来ならば自立は孤立とは異なり、社会における集団への所属や関わりのうえに成り立つものである。それゆえ、その人が何らかの集団に所属するか否か、所属するのであればどのような関係を取り結ぶのかによって、自立のあり方は多様でありうる。しかしながら、日本において自立という概念は「他者をまったく頼らずに生きること」という強い意味合いを付与されており、その意味での自立を達成すべきという規範的要求は、基盤となる社会集団をもたない者にも降りかかる（藤間 2017a）。こうしたなか

で「子どもの自立性や主体性を認めよ」と主張することは、ともすれば要保護児童や施設退所者のニーズを不可視化し、ただでさえ脆弱な公的支援をさらに抑制することにつながりかねない（Lee 2001）。

　問題を解くための手がかりを与えてくれるのが、フェミニズムによる「ケアの倫理」についての議論から生まれた、〈依存批判〉である。〈依存批判〉とは、本来的に人は依存しなければ生きていけないことを前提として社会のあり方を構想する考え方である。〈依存批判〉において問題とされるのは、個人の自立を前提としてきたそれまでの「正義」[8] に関する議論において、「公的領域＝非家庭＝男性」／「私的領域＝家庭＝女性」という二項区分が前提とされ、前者のみにしか適用されないかたちで正義が論じられていたことである。こうした見方のもとでは家庭においてケアを担う女性が正義に関する議論の対象から外れてしまうことに対し、異議が申し立てられたのだ。以下、詳しく見ていこう。

　ケアの倫理に関する議論は、キャロル・ギリガンの『もうひとつの声』（Gilligan 1982＝1986）に端を発する。この本のなかでギリガンは、ローレンス・コールバーグの道徳的発達理論に対する反論を展開する。コールバーグは、道徳が問題となる状況 [9] で偏りのない評価を下すことのできる自立／自律 [10] した自我は、女性よりも男性において発達すると結論づけた。そこにおいて個人の自立は、社会のすべての人の自由を平等に保障する、「正義の倫理」とそれに基づく社会制度に従うことで実現されるものだと想定されている（有賀 2017）。これに対してギリガンは、そのような普遍性や合理性に基づく「正義の倫理」とは異なる、「ケアの倫理」が存在すると主張する。ケアの倫理において重視されるのは、他者に対する配慮や共感である。ギリガンは、男性が正義の倫理に基づき道徳的発達を遂げるのに対し、女性はケアの倫理に基づいてそれを行うのだと主張した。

　ギリガンによるケアの倫理論に対しては、男性中心主義的な社会によってつくり出された「女性らしさ」を本質化するとの批判もあるが（たとえば、上野 2011）、ギリガンが試みたのは性別役割分業を道徳に適用することではおそらくない。そうではなくギリガンは、正義を道徳の基盤とすることを問題化し、それまで女性が担わされてきたがゆえに過小評価されてきたケアという実践に光を当て、民主主義や多元主義を問い直そうとしたのである。ギリガンの掲げる多元性とは、ケアを倫理とすることで正義の倫理が豊かになり、ニーズの主

体が権利の主体となることを指している（Brugère 2013=2014）。つまり、個人の自立を前提とすることで正義の倫理が見落としてきた、ニーズを抱えた個人やそれをケアする人間の権利を包摂することが、ギリガンのねらいであったと考えられる。

　本章が着目する〈依存批判〉が問題視するのも、正義の倫理に則る議論が、個々人の生き方を「他人とまったく関係ないもの」であるかのように位置づけかねないことである。考えてみれば明らかなように、乳幼児期や後期高齢期など、人は誰かに依存しなければ生きていけない期間を人生のなかで必ず経験する。そして、依存を抱える人をケアする人も、ケア役割を引き受けるがゆえに、自立することが難しい状況に陥る。たとえば、日本においてはひとり親家庭の経済状況が非常に厳しいことが指摘されているが（内閣府 2012）、これは子どものケアをする役割を引き受けるがゆえに大人の経済的自立が難しくなる一例と言えるだろう。このように考えると、従来の正義の倫理に則る議論が想定してきた個人の自立とは、「そもそも常に、依存者の問題を他者に押しつけることのできる特権をもった男性の創造物である」（Kittay 1999=2010 p.56）と言える。つまり、正義の倫理が想定する個人の自立とは、「依存を抱える者へのケアは家庭内で女性が担うものである」という社会規範のもとで、依存者とそれをケアする女性を「公正な社会」の枠外に追いやることでようやく成立できるものなのである。〈依存批判〉が異議を申し立てたのは、「公的領域＝男性／私的領域＝女性」といった二項区分を前提として正義を語ることで、私的領域でケアを担う女性がその範疇からこぼれ落ちてしまうことであった。

　そのうえで〈依存批判〉が構想するのは、人は誰しも依存を抱えうるという事実に基づいて、依存者とそれをケアする者とを基盤においた社会である。ここで想定される依存には、依存者本人が抱える不可避の依存を示す「一次的（不可避的）依存」と、その依存者をケアする者が抱える依存を示す「二次的依存」との2つがある。たとえば、乳児は誰かに世話をしてもらわなくては生きられない（＝一次的依存）。そして、その乳児をケアする者は、ケアを引き受けるがゆえに働ける時間が減って金銭的な困難に直面したり、身体的、精神的な疲労などを抱えたりする（＝二次的依存）。〈依存批判〉が主張するのは、この2つの依存を社会の基本的条件とすることで、あらゆるケア関係に対して保護や支援を与えることである。すなわち、正義の倫理をめぐる議論において「無能」とされてきた一次的依存者と、一次的依存者に寄り添いケアする者の

二次的依存とを社会関係のなかに包摂し、ケア労働を社会的正義の中心へ位置づけることが、〈依存批判〉のねらいなのである（Fineman 1995=2003; Kittay 1999=2010）[11]。

　以上のような〈依存批判〉による議論を踏まえると、「大人／子ども」という区分にかかわらず、依存を抱える者とそれをケアする者とを社会的に支援する可能性が導き出される。「大人＝自立／子ども＝依存」という見方がとられるとき、公的領域における生産労働に従事し「自活」することが、「大人＝自立」のひとつのメルクマールとされることが多かった。だが、そのような見方は社会における不平等を容認する構造にある。依存批判から学ぶべきは、社会を市場労働者、生産労働者からなるものする考えを改めることであろう（岡野 2011）。

　ここで重要なことは、「依存を抱える者」とされることは、自立性や主体性を剥奪されることと同義ではないことである。そうではなく、「子どもは無能力者としてケア関係をめぐる議論から排除されるのではなく、ケア関係の不可欠の一員として、どのようなケアを誰から受け止めるのかについての発言力を持つ」（原田 2006 p.234）。すなわち、「すべての人は依存者である」という前提に立つことで、「大人／子ども」という区分の本質化を避けると同時に、「依存者の権利」というかたちでそれぞれの自立性や主体性への容認も組み込むことも可能になるのである。

5　おわりに

　本章では、児童自立支援施設における「18歳問題」を題材として、「大人＝自立／子ども＝依存」という見方を問い直してきた。子どもの主体性や自立を認めることはたしかに重要な部分もある。だが同時に、主体性や自立を強調しすぎることは、「人はみな誰かに依存しなければ生きていけない」という事実を覆い隠し、さまざまな不平等につながる危険がある。児童自立支援施設を退所した子どもが経験する困難は、個人の自立が非常にもろいものであることを私たちに示してくれる。

　同時に、施設を出た子どもたちが抱える問題は、社会的養護にとどまらない問題にもつながっている。「18歳問題」は、一定の年齢に達したことをもって

「大人＝自立＝他者を頼るべきではない」とみなすことの危うさを照らし出す。年齢にかかわらず、社会から正当と認められるニーズを個人が抱えている限りは支援が受けられる制度設計であれば、退所後の子どもの生活も安定するだろう。しかし現行の児童福祉法が、支援の対象となる「子ども」は「18歳まで」と定義していることが、そうした支援の提供を難しくしている。このように、生物学的な年齢によって「子ども／大人」の区別を設定することは、人びとのニーズに対する支援を狭めることになる。近年では、大人を過剰に自立的なカテゴリーとするのではなく、依存や不完全などの概念と結びつけていくことも提案され始めている（尾川2017）。2018年6月に、成人年齢を20歳から18歳に引き下げる改正民法が成立し、大きな話題となったが、この引き下げが人びとのニーズを無視することにつながらない社会のあり方を、今後考えていく必要がある。

付記

本稿は、文部科学省科学研究費補助金（16K21684、19K13932）の助成を受けた研究成果の一部である。

注

[1] 社会的養護の詳細については、相澤編集代表、柏女・澁谷編（2012）などを参照。
[2] 児童自立支援施設の詳細については、相澤編集代表、野田編（2014）などを参照。
[3] 延長申請が認められた場合は、20歳まで保護を受けることが可能である。
[4] この章は藤間（2018）を加筆修正したものである。より学術的な議論はそちらを参照されたい。なお、本章での議論はあくまでも筆者個人によるものであり、所属機関および厚生労働省の公式見解を示すものではない。
[5] 以下、要保護児童と表記する。
[6] 要保護児童に対し、自身に権利が与えられていることや、その権利が侵害された時の解決方法などを伝えるノート。
[7] 日本においては、困難を抱えた本人が申し出ない限り公的な支援が提供されない、「福祉申請主義」の問題があることも指摘されている（庄司1988）。
[8] 正義論の中心的な担い手であるジョン・ロールズの定義に従えば、正義とは、個々人にとっての「善きこと」という価値を超えて優先されるべきものであり、社会全体として従うべき価値を探求することを指す（Rawls 1999=2010）。平たく言うと、「自由で平等な人間同士が、まっとうにつきあえる居場所のルール」が正義である（川本1997 p.3）。
[9] コールバーグは、「命の危機にある妻を救うために、薬を盗むべきか、盗んではならないか」という問いを例示している。
[10] 自立（self-reliance）と自律（autonomy）という2つの概念は厳密には区別されるべきだと考えられるが、両概念の整理については別の機会に行うこととし、ここでは踏み込まない。以下では、筆者自身による文章では自立に統一し、引用、参照文に関しては原文に従うこととす

る。

[11]〈依存批判〉の射程は女性が直面する問題にとどまらない。育児に関わりたいという願いとキャリアが犠牲になるのではないかという不安とに板挟みになることは、男性にも起こりうるだろう（牟田 2011）。

参考文献

相澤仁（編代），柏女霊峰・澁谷昌史（編）(2012)『子どもの養育・支援の原理：社会的養護総論』明石書店

相澤仁（編代），野田正人（編）(2014)『施設における子どもの非行臨床：児童自立支援事業概論』明石書店

有賀美和子(2007)「フェミニズム正義論の新展開：ケアワークの再分配を軸として」『東京女子大学紀要論集』57(2): 151-83.

Brugère, F. (2013) *L'éthique du «care».* Presses Universitaires de France.（原山哲・山下りえ子（訳）(2014)『ケアの倫理：ネオリベラリズムへの反論』白水社）

Esping-Andersen, G. (1999) *Social Foundations of Postindustrial Economics.* Oxford University Press.（エスピン-アンデルセン／渡辺雅男・渡辺景子（訳）(2000)『ポスト工業経済の社会的基礎：市場・福祉国家・家族の政治経済学』桜井書店）

Fineman, M. A. (1995) *The Neutered Mother, the Sexual Family: And other twentieth century tragedies.* Routledge.（ファインマン／上野千鶴子監（監訳・解説），穐田信子・速水葉子（訳）(2003)『家族、積み過ぎた方舟：ポスト平等主義のフェミニズム法理論』学陽書房）

Gilligan, C. (1982) *In a Different Voice: Psychological theory and women's development.* Harvard University Press.（ギリガン／岩男寿美子（監訳），生田久美子・並木美智子（訳）(1986)『もうひとつの声：男女の道徳観のちがいと女性のアイデンティティ』川島書店）

原田綾子(2006)「児童虐待と子育て支援：アメリカでの議論と実践を手がかりとして」『法社会学』65: 217-241.

石川時子(2007)「パターナリズムの概念とその正当化基準：『自律を尊重するパターナリズム』に着目して」『社会福祉学』48(1): 5-16.

川本隆史(1997)『ロールズ：正義の倫理』講談社

Kittay, E. F. (1999) *Love's Labor: Essays on women, equality, and dependency.* Routledge（キテイ／岡野八代・牟田和恵（監訳）(2010)『愛の労働あるいは依存とケアの正義論』白澤社）

厚生労働省(2011)『社会的養護の課題と将来像』

厚生労働省(2015)「18歳に達した者に対する支援」 https://www.mhlw.go.jp/file/05-Shingikai-12601000-Seisakutoukatsukan-Sanjikanshitsu_Shakaihoshoutantou/0000099521.pdf

Lee, N. (2001) *Childhood and Society: Crowing up in an age of uncertainty.* Open University Press.

宮台真司(2000)『まぼろしの疎外：成熟社会を生きる若者たちの行方』朝日文庫

元森絵里子(2015)「テーマ別研究動向（子ども）」『社会学評論』66(1): 123-133.

牟田和恵(2011)「キテイ哲学がわたしたちに伝えてくれるもの」エヴァ・フェダー・キテイ・岡野八代・牟田和恵（編著）『ケアの倫理から始める正義論』(pp.155-172)白澤社

内閣府(2012)『平成24年版男女共同参画白書』

尾川満宏(2017)「児童労働の排除から権利論的キャリア教育論へ：人権・権利の視点でひも解くトランジション問題」『子ども社会研究』23: 69-85.

岡野八代(2011)「ケア、平等、そして正義をめぐって：哲学的伝統に対するキテイの挑戦」エ

ヴァ・フェダー・キテイ・岡野八代・牟田和恵（編著）『ケアの倫理から始める正義論』(pp.13-42) 白澤社

Rawls, J. (1999) *A Theory of Justice* (revised edition). Cambridge: Harvard University Press（ロールズ／川本隆史・福間聡・神島裕子（訳）(1979 [2010])『正義論（改訂版）』紀伊國屋書店）

庄司洋子 (1988)「現代家族の福祉ニーズ：閉塞と虚構に生きた非婚母子の事例をとおして」『ジュリスト』923: 12-20.

藤間公太 (2014)「家族再統合の諸相：ある児童自立支援施設の実践から」『家族社会学研究』26(2): 127-138.

藤間公太 (2017a)『代替養育の社会学：施設養護から〈脱家族化〉を問う』晃洋書房

藤間公太 (2017b)「現代日本における家族と要保護児童」『社会保障研究』2(2・3): 158-170.

藤間公太 (2018)「家族社会学の立場から捉える社会的養護：『子ども／大人』の相対化と『依存批判』との接合可能性」『子ども社会研究』24: 213-232.

内田良 (2009)『「児童虐待」へのまなざし：社会現象はどう語られるのか』世界思想社

上野千鶴子 (2011)『ケアの社会学：当事者主権の福祉社会へ』太田出版

上野加代子 (1996)『児童虐待の社会学』世界思想社

渡辺芳 (2010)『自立の呪縛：ホームレス支援の社会学』新泉社

全国児童自立支援施設協議会 (2008)『児童福祉施設における非行など児童への支援に関する調査研究事業報告書』

.

Part 3

子どもをめぐる
歴史の重層

第7章 関係的権利論から見る基礎教育
── 植民地近代の遺産と グローバル時代が交錯するインド

針塚瑞樹

1 はじめに

　インドで6〜14歳のすべての子どもを対象に近隣の学校で教育を受ける権利が法律によって定められたのは2009年である。この法律はインドが独立後一貫して掲げてきた教育普及という国家目標の到達点であるが、法律制定までに60年余りという長い時間を要したことや、法律が制定されてもなお残る質の保障された教育の完全普及といった課題は、植民地支配下における近代教育導入とその普及の歴史を反映している。

　筆者は2000年代前半から、インド都市部において働く子どもたちやストリートチルドレンと呼ばれる子どもたちを対象にNGOが行う教育活動のフィールドワークを行ってきた。1990年代からインドの社会的弱者層の子どもを対象とした政府やNGOの教育活動の理念として、子どもの権利という考え方が浸透し始めていた。しかし、筆者が調査を始めた2000年代前半は、子どもの権利としての教育や福祉という理念と子どもの生活世界の現実との間には大きなギャップがあった。調査中に滞在した大学のキャンパスでも、学校に通わず食堂や建設現場で働く子どもの姿を目にした。都市で働く子どもたちやストリートチルドレンを対象とした教育活動は、すべての子どもに教育を受ける権利を認めるグローバルな理念と、学校に通うことなく働く子どもの存在を当然視する日常の営みとにまたがって行われていた。

　本章では、このような状況のインドを舞台に子どもを対象としたグローバルな制度や規範が、実際に子どもを支援する活動において子どもの生活世界の文脈のなかでいかに変容しつつ実践されるのか、それらの実践を子どもはどのように経験するのかについて考えてみたい。1947年にイギリスから独立したイ

ンドは、植民地期に行政官となる現地人エリート育成を目的とした近代教育制度の導入を経験しており、その歴史のうえに現在の教育制度や子ども観が成り立っている。そのため、今日のインドの教育制度や実践、子ども観を解釈する際にも、植民地支配が終わってもその影響を被っているポストコロニアルの状況という視点を組み込むことが重要となってくる。

　ここでは、現代に残された課題の一事例として、ストリートチルドレンの教育を受ける権利について考察を行う。教育を受ける権利などの子どもの権利の行使は、子どもが個人で実現できるものではない。子どもの権利の行使は、子どもの周囲の環境が子どもの権利行使を支援する状況にあるかどうかに左右されるため、大人も含む周囲の人びととの相互行為であるという見方を必要とする。このようなものとして子どもの権利行使を検討する場合、行為者らの言動を規定する社会のなかの子ども観や教育に関する意識を理解することも不可欠である。そのためには、子どもの権利や教育保障といったグローバルに浸透している理念と、時にはそれらと矛盾するかに見える、当該社会の人びとが歴史的に内面化している子どもに関する規範もひも解く必要がある。

　この先2節から4節を通じて、子どもを主体とした教育を受ける権利の理念と実践を、権利を行使する子どもの生活世界の視角から明らかにすることを試みるが、以下の3つの段階をふんで論じていくこととする。①インドにおける子どもを対象とした福祉・教育の制度の理念と教育における分断の実態を理解する、②子どもの教育における分断状況の背景として、子どもの教育を子どもの出身コミュニティに結びつけるものとして成立させてきた基礎教育普及の歴史的経緯を、近代教育が導入された植民地期にまでさかのぼり検討する、③インドのストリートチルドレンによる教育を受ける権利の行使を、子どもと大人の相互行為として捉える関係的権利論の見方に基づき分析する。以下に順次論じていくこととしよう。

2 グローバルな子ども観の波及と学校教育制度の完成
——権利行使主体としての子ども

2-1 インドにおける複数の「子ども」

　1947年にインドは独立し植民地支配から脱したが、独立後すぐに植民地経験から自由になったわけではない。植民地支配が終わってもその影響を被っている状況をポストコロニアルと言う。独立後のインドは、植民地時代の統治制度をほとんどそのまま継承しただけではなく、植民地時代に形成された二分法的な認識と実践の枠組みを維持した。二分法的な枠組みとは、「在来の伝統社会」と「外来の近代国家」というものである。この枠組みをもつインドは、近代国家の民主主義や人権の理念と、伝統社会の宗教やカーストの価値という、2つの異なる規範や実践が、対立と矛盾を含みながらも、どちらも正当なものとして共存し続けるという状況にあった（田辺 2010 p.161）。

　教育の分野において、この二分法的枠組みはどのようなかたちで現れたのか。インドは近代教育の導入を植民地期に経験し、ポストコロニアル国家としてその普及に取り組んできた。そのため学校が社会に定着するプロセスにおいて、子どもはコミュニティと一体の存在と見なされてきた。詳しくは後述するが、こうした子ども観の成立については、植民地期における近代教育導入の歴史をひも解いて検討することが必要である。植民地期においては、宗主国の言語である英語で初等から高等教育まで受けるエリート層の子どもがいる一方で、教育を必要としない、あるいは労働のための教育を必要とすると見なされた特定のコミュニティの子どもがいた。後者の子どもは、独立前後を通してフルタイムの学校とは別枠の教育を用意された。学校に通っていない子どもを対象としたノンフォーマル教育[1]は、そうした制度のひとつであると言えよう。NGOのノンフォーマル教育は、子どもが働きながら教育を受けることを容認する実践としてなされてきた。

　そのポストコロニアル国家としてのインドに、20世紀末からグローバルな思潮としての子どもの権利や教育保障の観念が浸透しつつあり、新たな変動が起きている。子どもの権利や教育保障において、何が起こっているのかを見て

いこう。

2-2 「子どもの権利条約」に基づく子ども観の拡がり

　1989年に国連で「子どもの基本的人権を保障する児童の権利に関する条約（子どもの権利条約）」が採択され、1992年にインドも批准した。この条約は、18歳未満の児童（子ども）について権利を行使する主体と位置づけ、大人と同様ひとりの人間としての人権を認めるとともに、成長の過程で子どもには特別な保護や配慮が必要であるとして子どもならではの権利も定めている。第12条には子どもの意見表明権が定められており、これを受けて子どもが自身に関する事柄に自分の考えを反映させる方向性が、実践的にも研究的にも探られてきた。

　「子どもの権利条約」の理念に沿うかたちで、インドでは2000年代に入り「子ども」をひとつのカテゴリーとして働きかけの対象とする制度が確立した。2005年に「子どもの権利保護コミッション法（The Commission for Protection of Child Rights Act, 2005）」が成立し、この法案に基づき、2007年に「全国子どもの権利保護コミッション（The National Commission for Protection of Child Rights、以下NCPCR）」が設立された。NCPCRはインド国内のあらゆる法律、政策、プログラム、行政組織が、インド憲法と「子どもの権利条約」の理念に合致した活動を行うよう監督する権限を与えられている。

　子どもの意見表明権を重視する考え方の拡大とともに、ストリートチルドレンを対象としたNGOによるノンフォーマル教育は、一般的な学校教育が実現できていない、子どもの主体性の発揮を重視する実践として注目されるようになった。インドのストリートチルドレンや働く子どもたちなど、困難な状況下に暮らす子どもは、NGOの活動を通して権利意識に目覚め、エンパワーされるなかで、ライフスキルと生きる力を獲得している（甲斐田・中山 2003 pp.300, 315-316）という見方である。しかし、こうした見方は、（ストリートチルドレンや働く子どもたちは）子どもの権利条約が定めているような保護や配慮が保障された環境を享受していないという問題に十分に目を向けていない。

　NGOの教育プログラムを通してストリートチルドレンが主体的な選択・決定を行い、ライフスキルや生きる力を身につけているという理解は、子どもの生きる社会や教育の状況を踏まえてなされているのだろうか。ストリートチル

ドレンもNGOや学校、メディア等を通じて、「学校化」された規範や価値を生きている。子どもの生活世界をストリートや労働に限定して理解することは妥当ではない。子どもの権利研究において肯定的に評価される子どもの労働への「参加」や「自己決定」は、子どもを変容する社会に生きる存在と見なす長期的な視点から再考される必要があるだろう。

2-3　義務教育制度の完成
── 教育の学校への一元化と分断状況の継続

　1990年に採択されたユネスコの「万人のための教育（Education for All）」や2000年に採択された国連の「ミレニアム開発目標」により国際的な基礎教育普及の流れが生じた。インド国内でも2000年から「全児童就学計画（Sarva Shiksha Abhiyan）」が実施され、2010年までに6〜14歳の義務教育年齢のすべての子どもに向けた教育機会の提供が目標とされた。

　2009年に「無償の義務教育に関する子どもの権利法（The Right of Children to Free and Compulsory Education Act, 2009. 以下RTE法と略す）」が実現した。RTE法は、6〜14歳のすべての子どもに対して近隣の学校で教育を受ける権利を定めている。RTE法制定は子どもの教育を学校教育に一元化するという国としての決定であり、すべての子どもに「権利としての教育」を実現するという理念を制度化したものである。

　理想と現実は異なることは珍しくないが、制度がいかに機能するのかという内実を検討することがインドの場合は特に重要である。独立後のインドの教育制度は、植民地期に導入された近代教育や国民教育学校など、多様な制度と実態のうえに成立してきた。インドは制度として「単線型」の教育システムを有しているように見えるが、実態としては初等教育入学時にすでに可能な教育達成がほぼ決定されており（押川 2010 p.69）、「学校」による教育の質には大きなばらつきがあることに注意が必要である。

　現在のインドではエリート層のみならず、ミドルクラスの子どものほとんどが私立の学校に通っている。そのため国内の大部分の地域では、政府が運営する小学校はたいてい恵まれない家庭の子どものみが就学するものと見なされている（Majundar & Mooji 2011 p.3）。RTE法制定以降、これまで学校に通っていなかった「学校外の子どもたち」も含めてほとんどの子どもが学校教育に包

摂された。しかし、このことは同時にこれまで「学校外の子ども」というカテゴリーにいた子どもが、教育システムにおいては底辺と見なされている「政府立学校[2]の子ども」「ヒンディーミディアム（現地語教育を受けることを指す）の子ども」という新たなレッテルへと移行したことを意味している[3]。2000年代以降、徐々に教育が学校へと一元化され、6～14歳という年齢による区別としての「子ども」カテゴリーが完成したかのように見えるが、子どもが教育システムに包摂されながらも分断された状況は続いている。

　このような状況はなぜ生じたのだろうか。理念としての子どもの参加・自己決定の称賛や、学校による一律的な教育普及では捉えきれない働く子どもやストリートチルドレンを対象とした権利保障について考えるために、次に近代教育が導入された植民地期にまでさかのぼり、基礎教育普及の歴史的経緯を検討する必要がある。

3　近代教育と「子ども」—— 植民地近代という経験

3-1　近代教育による主体形成と「共同体のなかの子ども」

　近代社会において形成された、自らを律しながら主体的に選択・決定を行う「近代的個人」という人間観は、近代教育制度の普及とともに今日グローバルに浸透しつつあると言えよう。「主体」という概念は、19世紀以降の西欧社会においては広く受け入れられていった。フランスの哲学者フーコー（1926-1984）は、『監視と処罰』（1975）（邦題は『監獄の誕生』）のなかで、近代社会に固有の「規律化権力」について詳細に述べている。18世紀末に創出された「規律化権力」は、病院（医療）・監獄（監視）・学校（教育）などにおいて、人を「自律の主体」かつ「従順な主体」として形成する実践、つまり「主体化」の実践として制度化され（田中 2009 p.13）、21世紀の今日にまで引き継がれている。

　「規律化権力」は社会のなかでさまざまに実践され制度化されているが、そのなかで学校が果たした役割は大きい。近代社会は子どもを学校という制度に囲い込むことで、ひとり一人を「主体」としてその体制に応じるように訓練し、子どもがこの体制のなかで主体的に行動していくことで、体制を維持・強化す

るという仕組みをつくり上げた。学校を通じて、すべての子どもは平等な機会を与えられるが、その機会を活かすかどうかは子ども個人の努力と能力によると考えられている。そのため、学校は成績により子どもを序列化し、それに基づき社会のなかでの地位や処遇が決定されることを個人は引き受けざるをえない。そこに、子どもも主体的に社会に参加し自己決定するという、新しい子どもの権利の考え方もグローバルに広がっている。今日の学校教育において、子どもが「主体的」「自律的」であることは、教育の前提でもあり、また目的でもある。

　インドにおいても、今日の子どもの福祉・教育の分野における中心的な理念は、すべての「子ども」への教育保障と自己決定する「権利行使主体としての子ども」という考え方であることは確認した。しかし、前述のように「権利行使の主体としての子ども」という理念に基づいた福祉・教育政策が整備されてきているとはいえ、すべての子どもを対象とした平等な教育機会の提供という点では問題があることは明らかである。平等な教育保障が実現していないなかで、子どもを権利行使主体と見なし子どもの自己決定を称揚する教育実践が、子ども本人にとって不利益となる場合があることに注意が必要である。

　「近代的個人」としての主体形成を行う近代教育成立の歴史は、インドの場合、植民地期における近代教育導入にまでさかのぼる。しかし、植民地期とそれに続くポストコロニアル国家としてのインドにおける教育普及の過程は、インドにおいて公教育が「近代的個人」という人間観を広めるようなものとして展開してこなかったことを示唆している。むしろ基礎教育普及の過程は、子どもの教育を子どもの出身コミュニティに紐づけるという意味で、「共同体のなかの子ども」という見方を継続させてきたと考えられる。以下にインドの基礎教育普及の経験を見ていこう。

3-2　イギリス統治下における近代教育の導入
──エリート養成を目的とした教育

　1947年に独立をするまで200年以上の間、インドはイギリスの植民地統治下にあった。イギリス東インド会社による支配がはじまった当初、インドの初等教育は、ヒンドゥー教やイスラム教の学校が、地元の少年たちに対して、読み書き算の知識を授けていた。学校は学費を取らずに、人びとの善意に頼って

いた。この頃の子どもの生活の風景は、インドに特有のものではなく、日本やヨーロッパにおいても同じようなものとして、前近代社会に共通するものであった。「学び」が特定の世襲的な仕事に結びつくことの多いカーストによって規定されていたのはインドの特色であったが、他の社会においても、どの親のもとに生まれるのかによって、子ども期の過ごし方や習得する知識や技術が異なることは当たり前のことであった（押川 2013 p.63）。

　植民地期以前からインドでは柔軟で大衆的なそれぞれの地域特有の初等教育が普及していたが、これらの教育はイギリスによる領土拡大の期間に衰退していった（Akai 2004 p.1）。1835年に総督に提出された英語教育推進の覚書には、「われわれと数百万人もの統治される人々の間で通訳者となる、血と皮膚の色はインド人であるが、趣味や考えや精神や知性の点ではイギリス人であるような階層の人びとを形成するために今、最善を尽くさねばならない」とある（Ghosh 2009 p.30）。この覚書は、統治政府の限られた資力では、一般大衆の教育は不可能であることを示した（赤井 2003 p.4）。

　1854年に出された教育通達により初等から高等に至る総合的な近代教育制度が導入されたものの、インドの伝統的教育機関はさらに衰退した。植民地期に導入された近代学校教育は、政府職員となる人材の育成を基本的な目的としたものであり、大衆のための教育の普及は困難になるという矛盾を抱えていた（赤井 2003 p.7）。

3-3　大衆教育の分離──「手仕事を通した教育」の導入

　20世紀に入ると、統治政府は植民政策のなかで教育を重視し、積極的な役割をとり始めた。またインド人の側でも教育が重要な関心事となり積極的に取り組まれだした（弘中 1976 p.245）。20世紀初頭の学校は、工場労働をする子どもや労働者階級の子どもが、労働のための学習をすることを当然のこととして展開した。労働者の親たちは子どもの学校での教育に消極的であるという調査報告がその根拠とされた。統治政府は「働く子どもや労働者階級の子ども」を、「学校に通うことが親によって歓迎されない子ども」と見なし、働く子どもに即した教育が、インドの労働者層の親によって求められているという論理を成立させた（Balagopalan 2014 pp.62-63）。

　また、20世紀初頭の義務教育要求の事例は、統治政府だけではなくインド

の民族主義者たちも、低カーストの子どもの将来を、カーストによって媒介されたものとして再生産する考えをもっていたことを示している。20世紀前半の教育普及過程においては、統治政府側の論理においても、英語教育を受けたインドの知識人層の論理においても、低カーストの子ども、働く子ども、労働者階級の子どもは、文化的に近代教育に適合しないと見なされ、別立ての教育を提供されることが妥当であると考えられていた。

1917年に通過した義務教育法は、「都市の子どもたち」と「農村の子どもたち」を区別し、後者をその対象としなかった。同時期に、近代教育制度を批判し、農民のための教育の思想と実践を広めたのがマハートマー・ガンディー（1869-1948）である。ガンディーの教育は、第一に農村の子どもや識字のない成人を対象として計画されていた。主に貧しい人びとの子ども、親の労働を助けて一緒に働く子どもを対象に想定されたガンディーの教育は、後に「ベーシック・エデュケーション」と呼ばれた。ガンディーの教育は、インドの現状にあった教育内容や方法を吟味したうえで「生産的な手仕事」を教育に導入し、学校の自給の支援や、子どもが学校で身に着けた技術を生かせる職業への雇用保障を国の役割（河井 2013 p.55）と考えた。

ガンディーにとって、地域的特性によって教育内容が決定されること、教育が万人に機会の均質化をもたらすものではないこと、子ども期に学習する知識や技術がそのまま有効であるような一定の範囲内で子どもの将来が想定されることは問題ではなかった。「人は誰もが自らの職業で生計を立てる権利を有する。それ故に、法律家も床屋[4]もその職業においては相等しい」（弘中 1981 p.391）と考えたガンディーにとって、官吏になるための官立の学校教育に比べて、職人になるための「手仕事を通した教育」が劣るということはなかった。

3-4　ノンフォーマル教育の制度化に見る「子ども」の不在

植民地期を通じて、子どもの教育は出身コミュニティによって異なる内容や形態をもつものとして提供された。こうした教育のあり方は、独立後のインドの教育制度においても継続した。

1970年代半ばには学校に通っていない子どもに対してノンフォーマル教育が発足した。さまざまな文化的・経済的状況にある「学校外の子どもたち」に、学校とは別枠の教育を提供するというノンフォーマル教育の制度化は、いかな

る論理によって推進されてきたのか。この背景にはインドの基礎教育普及の歴史において、年齢を基準に「子ども」というひとつの独立したカテゴリーを成立させる見方の不在が指摘されている（Balagopalan 2014 pp.101-103）。

　近代教育が導入された植民地期において、子どもは「農民の子ども」「労働者の子ども」というようにカテゴリー化され、それぞれに対する教育が提供された。そのため、教育が平等な機会を提供するものとして、社会移動の手段とはならなかった。今日の政策は、義務教育を普及することで児童労働に終止符を打つことを試みるが、独立後の政策においては、子どもの生活が労働から学校へと移行することが当然のものとして構想されていなかった。

　近代教育制度を批判したガンディーによるベーシック・エデュケーションは、手仕事を通した学びを経て、個人が生まれついた共同体のなかで生きることを奨励するものであった。ガンディーの教育は、大多数の農村の子どもが農村で生きていくための内容と方法を備えたもので、都市のミドルクラスの子どもの教育とは異なることを前提としていた。

　植民地期から独立前後において基礎教育政策として採用されたベーシック・エデュケーションは、今日のインドの教育制度のあり方に2つの点で影響を与えたと考えられる。ひとつには、近代教育を批判し、子どもの教育を帰属するコミュニティによって分けるという学校教育のあり方を正統化したという意味、ふたつには、学校に通っていない子どもを対象に仕事と両立するかたちでの、子どものニーズに応じた教育という理念を提供したという意味である。植民地時代に形成された教育は、独立後も遺産として引き継がれた。働く子どもに即した「別の形態の教育」であるノンフォーマル教育の制度化もそのひとつと言える。

　先に見たように、インドにおける教育普及の歴史は、ノンフォーマル教育の対象とされてきた子どもの権利の実現や教育保障に向けた取りくみが、「社会のメインストリーム」の子どものそれとは異なるものとして展開される前提として理解することが必要である。

4 グローバルな理念のローカルな実践への適用を見る視角
―― 関係性のなかの子ども

4-1　子どもの権利行使を規定する子ども観と関係性

　子どもの労働が容認される背景にも、先に見てきたのと同じ論理があると考えられる。働きながら教育を受けるストリートチルドレンを対象としたノンフォーマル教育は、すべての子どもを等しく権利行使の主体と見なす子ども観を理念とする一方で、ストリートチルドレンを学校に通う子どもたちとは当然のように区別することによって成立している。具体的には、インドのストリートチルドレンを対象としたノンフォーマル教育の実践では、学校に通う子どもたちに必要と考えられる「保護」の範囲と、ストリートチルドレンが必要とするそれは異なるものとして想定されている。大人が子どもに対して提供する教育的内容や働きかけが、対象とする子どもによって異なっている。

　子どもが教育を受ける権利の主体であるというとき、子どもが何を選択・決定できるのかは、提供される教育の内容によって左右される。そのため、子どもによる権利行使は、子どもの権利行使を支える大人による子どもへのまなざしや、子どもと大人の関係性を合めて検討される必要がある。子どもによる権利行使を子どもと大人の関係性を合めて検討するための理論として、以下に関係的権利論の考え方を見ていこう。

4-2　関係的権利論 ―― 子どもの「共同性」と「自律性」への着目

　国連子どもの権利条約は、子どもについて、2つの補足しあう見方を示している。すなわち、子どもは大人ほど力がないので、ある種の保護を必要としているという見方と、迫害や束縛を受けているので、もっと自己決定の権利をもつ必要があるという見方である（ハート 2004 p.13）。子どもの権利の実現について検討する際には、子どもに「保護」と「自律」の両方を認め保障する大人と子どもとの関係性の有無や程度が重要なものさしとなる。

　子どもの権利行使を子どもと大人の関係性を合んで検討するための理論的枠

組みとして「関係的権利論」（大江 2004）が有効であると考える。関係的権利論を用いることで、対象となる特定集団の子どもへの大人のまなざしや、具体的場面における子どもと大人の関係性を分析することが可能となる。

　たとえば、教育を受ける権利について考える場合、学校に通うための基本的な福祉がある子どもとそうでない子どもでは、権利を行使するために必要な支援は異なっている。「権利」は従来の法体系では「無能」とされてきた主体を力づける（大江 2004 p.13）という方向性をもつため、主体は権利を行使することによってエンパワーされる必要がある。この考えに基づくと、子どもへの支援がなされていても、子どもがエンパワーされていない場合には、権利が保障されているとは言えない。子どもの権利が保障されているかどうかを検討するには、子どもが具体的な状況においてエンパワーされているかどうかを丁寧に見ていくことが必要である。

　子どもがエンパワーされるかたちで権利行使をするためには、子どもは自律した一人格として尊重されると同時に、子どもゆえの未熟さに対する配慮や保護を必要とする[5]。このように考えると、子どもの権利行使は、子どもが周囲との関係性において子どもとして保護されるという「共同性」のなかにありながら、個人としての「自律性」を認められつつ選択・決定をできることによって可能となる。子どもの権利行使を、子どもと周囲の環境との間に子どもに対して保護を提供する「共同性」と、子どもに対して自立/自律を尊重する「自律性」という2つの「関係性」の視点を組み込んで検討する枠組みが関係的権利論である。

4-3　グローバルな子ども観から外れる子どもたちの 「子どもの権利」

　関係的権利論は、権利行使の主体である子どもが周囲の大人との関に「共同性」と「自律性」を認められる関係を有するという「関係性の権利」を重視する。以下では、関係的権利論の視点を用いて、インドのストリートチルドレンが、子どもに教育を受けるように働きかけるソーシャルワーカーとの関係性のなかで、教育を受ける権利をどのようなものとして経験しているのかを考察する。

4-3-1　ストリートチルドレンとソーシャルワーカーとの関係性

　ゴミ拾いや物売りなどをして生活するストリートチルドレンは、安全に眠る場所が得られない、ドラッグへの誘惑にさらされるなど、大人によって適切に保護されているとは言えない。しかし、こうした子どもを別の視点から見ると、子どもは、ストリートでの生活において何をして稼ぐか、どこで眠るかなど自分で選択・決定しており、経済的に自立している[6]。

　これらの子どもを対象にノンフォーマル教育を行うNGOのソーシャルワーカーは、子どもがストリートを完全に離れ家庭や施設で「保護された」生活に適応するまでの移行期として、子どものストリートでの生活を容認している[7]。この時点ではソーシャルワーカーはストリートチルドレンのことを「ストリートの自由が好き」「ストリートの暮らしを選んでいる」と考え、家族と暮らし学校に通う子どもとは異なる考え方、習慣をもつ存在と見なしている。

4-3-2　共同的な関係性構築の場としてのノンフォーマル教育

　ソーシャルワーカーは、子どものストリートでの生活を容認しながらも、そのことを肯定しているわけではない。ノンフォーマル教育を通じて、子どもとの間に信頼関係を築き、子どもがストリートを離れて学校に通うと自分で選択・決定できるよう支援を行っている。ソーシャルワーカーは簡単な読み書きや算数の勉強を教えるだけではなく、子ども一人ひとりに合うやり方で「カウンセリング」を行い、子どもを「モチベート（動機づけ）」している。

　ノンフォーマル教育の主な目的は、学校で行われているような勉強を教えることではなく、子どもがストリートで習得した考え方や習慣を徐々に見直し、家庭や学校で望ましいとされる態度や習慣を学習するための機会提供と考えられている。子どもとソーシャルワーカーは、年に一度は数日間の旅行を共にし、宗教的なお祭りを一緒に祝うことで信頼関係を築き、子ども同士も仲間意識を育む。ノンフォーマル教育の活動は、子どもが家族のなかで経験するような信頼関係や基本的な生活習慣を習得することを重視しており、家庭が果たすような福祉的な役割を担っている。

　ノンフォーマル教育を通じたストリートチルドレンとソーシャルワーカーとの関係性において、子どもはソーシャルワーカーとの間に「共同性」を築き、自分で選択・決定することに価値をおく主体としての「自律性」を獲得してい

る。保護者のもとから学校に通う子どもは、いつの間にかそのシステムに組み込まれているというかたちで教育を経験するのに対して、ストリートチルドレンがノンフォーマル教育に通うかどうかは子ども本人に委ねられている。ストリートチルドレンは家族に保護される子どもに比べて、大人との関係性のなかで「自分で決める」ことの範囲が広く経済的に自立している。子どもはノンフォーマル教育に参加することでソーシャルワーカーとの間に信頼関係を築き、徐々にソーシャルワーカーの助言を頼りに選択・決定を行うようになっていく。子どもはソーシャルワーカーとの間に「共同性」を獲得していくことで保護を受け入れるようになり、教育を受ける子どもとしての主体形成を経験している。

　子どもの教育を受ける権利を理念とした実践を展開しつつ子どもの路上生活を容認するなど、ストリートチルドレンを支援するソーシャルワーカーの意識や言動は矛盾するようであるが、インドのポストコロニアル状況という観点から見ると、それらは共存可能なものとして理解できる。子どもの権利行使を支える実践は、社会のなかに明示された子どもの権利といったグローバルな理念と、ポストコロニアル国家としてのインドにおいて歴史的に共有されてきた子ども観が相互作用するなかで展開されている。

　これまでストリートチルドレンを対象としたNGOによる教育実践を取り上げてみてきたが、ストリートチルドレンはノンフォーマル教育から学校での教育へと移行することで、「社会のメインストリーム」の子どもと同様の権利を享受できるようになっていないことは先に見たとおりである。ストリートチルドレンを対象とした実践がいかなるものとして今後展開されるのかは、子どもの権利や教育保障の制度の変化と合わせて、実践に関わる人びとが有する子ども観の変容を見ていく必要がある。

5　おわりに

　今日、子どもをめぐるグローバルな規範となりつつある「子どもの権利」は、子どもを権利行使の主体と見なしている。権利行使の主体である個人という考え方は、自律的な自己意識を有する「近代的個人」という人間観の延長上に子どもに対しても展開している。近代教育はこのような主体を形成する制度であり、同時にこうした人間観に基づいて営まれる制度である。インドでは2009

年にはすべての子どもが学校で教育を受ける権利を定めたRTE法が成立した。RTE法により教育は学校に一元化されたが、子どもの通う学校は出身階層によって序列化されており、学校のなかでも子どもは出身コミュニティにより異なる扱いを経験している。

　現在の教育における格差状況の一端は、植民地期の基礎教育成立に由来している。植民地期に導入された近代教育は、エリート養成を目的とし、大衆のためのものではなかった。やがてガンディーによる国民教育運動が興り、大衆のための教育は、個人を共同体と分かちがたい存在と見なすベーシック・エデュケーションが採用された。独立後も植民地期に成立した教育制度は遺産として引き継がれ、すべての子どもを対象とした学校教育の整備は手つかずのまま、「学校外の子ども」を対象としたノンフォーマル教育が制度化された。

　1990年代以降、グローバルな子ども観と教育開発の潮流はインドにも波及したが、ストリートチルドレンなど「学校外の子どもたち」を対象としたノンフォーマル教育は継続している。ストリートチルドレンを対象に教育活動を行うソーシャルワーカーですら、子どもが働きながら教育を受けることを容認することもある。ストリートチルドレンと学校に通う子どもでは、必要とする保護の範囲や自立・自律の度合いが異なることは当然と見なされている。

　子どもによる権利の行使は、そのために子どもが得ることのできる支援に依存する。子どもが権利を行使することによりエンパワーされるためには、子どもが得られる支援を大人との「関係性の権利」として保障することが必要となる。つまり、権利行使を必要とする子どもにとって大人との関係性が重要となるが、関係性のあり様は当該社会における子ども観によって異なってくる。このことは、子どもの権利行使の場合だけではなく、権利の行使を必要とするすべての場合に共通する。「子どもの権利」を再考することによって、権利という規範が権利行使をする個人にとっていかにして有益なものでありうるかを検討する関係的権利論は、大人によるものも含め権利の行使を、当該社会における制度の成り立ちや権利行使を支援する人びととの関係性を含めて「関係性の権利」として捉え直すことの必要性を提起している。

注

[1] ノンフォーマル教育とは、フォーマル教育の代替ではなく、地元の教育ニーズをより反映するかたちで、国家の統制から比較的自由な教育を提供するもの（山内 2007 pp.12-14）である。
[2] 日本で言うところの公立学校はインドでは政府立学校（Government School）と言う。

[3] RTE法では、従来はミドルクラス以上の階層の子どもが通っていた無補助私立学校の第一学年もしくは当該学校の初年次定員の25%以上は、近所に居住する「弱者層と不利な状況にある集団に属する子ども（Economically and Socially Weaker Section）」を入学させることが定められた。

[4] 散髪人のカースト（ヴァルナ＝ジャーティー）制における序列は、北インドと南インドで異なるが総じて低い。

[5] 子どもが大人と比していかなる意味で未熟であると言えるのかについては議論の余地があり、子どもの個性やおかれた状況によって判断されなければならない。しかし、学校が教育制度として定着した社会では、子どもは大人に依存しながら一定期間において養育され教育を受けることによって、社会的能力を習得することが必要である。

[6] 子どもたちは生活上の多くの事柄を「自己決定」しているが、その選択・決定は自分で決めること、すなわち「自己決定」に価値を見出したうえでの行為とは異なるという意味で、近代的個人として主体形成を経験したうえでの「自律性」を帯びた行為とは異なる性格を有する選択・決定であると考える。

[7] 2018年8月のデリーにおけるNGO職員へのインタビューによると、デリーでは保護者のいないストリートチルドレンは減っているという。特に年少の子どもの保護に対しては、警察とNGOの連携が強化され、また子どもを保護する活動を行うNGOの数が増えたことにより、容認される状況は少なくなった。

参考文献

赤井ひさ子 (2003)「インドの教育政策：英国統治下の初等教育と初等教員養成」『東海大学福岡短期大学紀要』第5号別刷　www.pub.ftokai-u.ac.jp/bulletin/2003/2003akai.pdf

Akai, H. (2004) Elementary education in India under British raj: Destruction or introduction? Journal of Tokai Univesity of Junior College, No.6.

Balagopalan, S. (2014) *Inhabiting 'Childhood' Children, Labour and Schooling in Postcolonial India*. Chennai: Palgrave Macmillan.

Ghosh, S. C. (2009 [1995]) *The History of Education in Modern India 1757-2007*. New Delhi: Orient Black Swan.

ハート, R. (2004 [2000])「第Ⅰ部　序論及び概論」『子どもの参画：コミュニティづくりと身近な環境ケアへの参画のための理論と実際』(pp.1-86) 萌文社

針塚瑞樹 (2011)「インド都市社会におけるストリートチルドレンの「自己決定」に関する研究：子どもとNGOの関係性を中心に」九州大学大学院学位請求論文

針塚瑞樹 (2015)「インド都市部の「学校外の子どもたち」に対する平等な教育機会の提供に関する一考察：「無償義務教育に関する子どもの権利法」施行後の特別教育とノンフォーマル教育の事例から」『アジア教育』9：1-25.

針塚瑞樹 (2018)「インドの初等教育普及過程にみる「子ども」の複数性：英国統治期インドの教育政策の検討を中心として」『子ども社会研究』24：23-41.

弘中和彦 (1976)「第三編 インド教育史」梅根悟（監修）『世界教育史体系6 東南アジア教育史』(pp.176-316) 講談社

弘中和彦 (1981)「モーハンダース・K・ガンディー：インド教育の建設者」阿部洋（編）『現代に生きる教育思想8：アジア』(pp.385-417) ぎょうせい

弘中和彦 (1983)「インドにおける Non-Formal Education Center の発展」『九州大学比較教育文化研

究施設紀要』*34*: 1-15.

弘中和彦 (2008)「インド国民教育運動におけるマハートマー・ガンディーの役割」『アジア教育』*2*: 1-11.

甲斐田万智子・中山実生 (2003)「権利と行動の主体としての子ども：インドの子どもたちと NGO の取り組み」『内発的発展と教育：人間主体の社会変革と NGO の地平』(pp.295-319) 新評論

河井由佳 (2013)「ガンディー教育思想における「仕事教育」理念の変遷：アシュラムにおける教育から国民教育への展開」『広島大学大学院教育学研究科紀要第三部』*62*: 49-58.

Majumder, M. & J. Mooji (2011) *Education and Inequality in India: A classroom view.* New York: Routledge.

大江洋 (2005 [2004])『関係的権利論：子どもの権利から権利の再構成へ』勁草書房

押川文子 (2010)「変動する社会と『教育の時代』：趣旨と全体報告」『南アジア研究』*22*: 66-74.

押川文子 (2013)「教育の現在：分断を超えることができるか」水島司 (編)『変動のゆくえ 激動のインド第1巻』(pp.59-93) 日本経済評論社

田中智志 (2001)『教育思想のフーコー：教育を支える関係性』勁草書房

田辺明生 (2010)「ポストコロニアルとは何か」田中雅一・田辺明生 (編)『南アジア社会を学ぶ人のために』(pp.160-170) 世界思想社

辻田祐子 (2017)「公立校における義務教育：基礎教育普遍化と私立校台頭のはざまで」佐藤創・太田仁志 (編)『インドの公共サービス』(pp.165-201) アジア経済研究所

山内乾史 (2007)「国際理解教育の可能性：米英仏のケーススタディから」山内乾史 (編著)『開発と教育協力の社会学』(pp.2-17) ミネルヴァ書房

第8章 「戦争孤児」のライフストーリー
── カテゴリーとスティグマのループ

土屋　敦

1　はじめに

　「子ども時代」を語ることに関して、読者の方々はどのようなことを思い浮かべるだろうか。ある年長の方は、「われわれの子ども時代は○○だった」と語りながら、前回1964年に行われた東京五輪をテレビ観戦したときの興奮を熱く語るかもしれない。また他の年長の方は、田んぼで泥まみれになりながら遊んだ過去を語りながら、当時とは大きく様変わりした現在の子どもの姿を嘆くかもしれない。本章で主題にするのは、そうした「子ども時代」の語られ方、「子ども時代」の記憶の紡がれ方を探求していく際の研究視角についてである。

　たとえば、戦後直後生まれの団塊の世代であり、戦後の高度経済成長期前の1950年代に子ども期を送った人びとにとっては、駄菓子屋に通い、貸本屋で漫画本を立ち読みし、メンコやコマで遊びまわった自らの子ども時代こそが「子どもらしい」子ども時代であり、SNSやスマホゲームに興じる現在の子どもの姿は「子どもらしくない」ものに映るかもしれない。また、そうした自分たちの「子ども時代」に関する語りは、自らの「子ども時代」こそが子どもらしい本来的な子どものあり方であり、現在の子どもは本来的な子どものあり方ではない（子どもらしくない）といった、子どもらしい子ども（時代）／子どもらしくない子ども（時代）という、二分法とも言うべき思考に則るかたちで（常にではないが）語られやすい。また、そうした二分法には、現在社会にはないかもしれない（あるいは失われてしまった）が、かつて子どもが本来的に子どもらしい生活を送っていた時期があった、さらには、本来的な子どもらしさがどこかに確かにあるという予断とともに形成されていることが多い。

　こうした「子ども時代」をめぐる二分法的な語りの産出は、子ども研究のみ

ならず、広くわれわれの社会のなかで「子ども」を語る際の定型的な問題認識の一部を形成している語り口である。またそうした定型的な語り自体は、子ども（らしさ）／大人（らしさ）、ないしは、子どもらしい子ども（時代）／子どもらしくない子ども（時代）、といった二分法を再生産しながら維持されるという点において、1980年代子ども論が内包していた理論的な隘路とも地続きであるだろう。

　本章の目的が、「子ども時代」の語られ方、「子ども時代」の記憶の紡がれ方の探求であり、そうした記憶の紡がれ方を探究する際の研究視角の提示であることは冒頭で述べた。こうした記憶の紡がれ方をめぐる議論を精緻化していく作業は、これまで子ども研究において十分に深められてきたとは言いがたい主題である。たとえば、上述の二分法的な「子どもの時代」をめぐる語りには、語り手のライフコース上の時期や聞き手、そして紡がれる記憶の取捨選択のあり方など、「子ども時代」をめぐる語りを可能／不可能にする社会的制約や条件が重層的に介在しているが、子ども研究においてそうした主題に関する踏み込んだ議論がなされることは少ない。また、先に述べた二分法的な語りは、このような語りの社会的制約の介在を無意識的に等閑視するかたちで成立しているとも言える。

　「子ども時代」は、それを語る人びとの「語りの文脈」から切り離されて、「歴史的事実」として脱文脈的にそこにあるわけではない。二分法的に産出される「子ども時代」をめぐる語りの多くは、特定の世代や時期における「子ども時代」を「歴史的事実」として脱文脈的に切り取りながら、そこに本来の子どもらしさを読み込むかたちで産出される場合が多い。他方で、「子ども時代」の語りを聴き取る経験をしたことのある方であれば遭遇したことがあるかもしれないが、語り手の多くは、インタビューの場や聞き手、社会情勢などの「語りの文脈」との関係性のなかで、自らの「子ども時代」に関して語ること／語らないことの取捨選択を常に行いながら、自らの自分史を現在的な視点から組み立て直す作業を行っている。

　筆者はこれまで特に第二次大戦期の空襲被害などで両親を失い、当時戦災孤児と呼ばれた人びとの、当時から現在に至るまでの生活史を聴き取る作業を行ってきた。そのなかで頻繁に出会うのは、自分が戦災孤児として「子ども時代」を過ごしたことを胸に秘めたまま一生誰にも（場合によっては配偶者に対しても）語らずに亡くなる方々が極めて多いことであり、またそうした戦災孤

児であった「子ども時代」が語られる場合でも、そこには語られる／語られない内容の取捨選択が常に意識的になされながら記憶が紡がれるということである。そして、そうした戦災孤児経験者の「子ども時代」の回顧的語りには、それを語ることのできるようになるライフコース上の時期や文脈、そして聞き手が誰であるか、といった、語りの産出をめぐる多くの制約が重層的に介在している。

　社会学者の桜井厚は、人びとの人生に関する語りが過去の出来事の完全な再現としてあるわけではなく、語り手と聞き手の双方向的なやりとりや、語り手のライフコース、そしてその時々の社会情勢などの「語りの文脈」のなかで産出されたものであること、またそれが、語り手の価値観や動機によって意味構成された「現在時点からの語り手の解釈」（桜井 2002 p.39）であることを指摘しながら、そうした視角から人びとの個人史に関する語りを読み解く方法をライフストーリー法と名づけた。本章が企図するのは、こうした語りの形成に関するライフストーリー法の子ども研究への応用である。また、こうした視角から「子ども時代」の語られ方を検証していく本章は、「われわれの子ども時代は○○だった」「近年の子どもは子どもらしくない」といった、二分法的に形成されがちな「子ども時代」の語られ方を相対化するとともに、そうした二分法が等閑視してきた、語りの成立条件の重層性自体を炙り出す作業に当てられる。

　以下では、この「子ども時代」語りの生産のされ方が特に顕著に確認できる事例として、特に戦災孤児経験者の「子ども時代」の記憶の紡がれ方を分析していく。

2 「戦災孤児」経験者の語りに注目することで見えてくるもの

2-1 沈黙の半世紀

　戦災孤児経験者が、自らが「戦災孤児」であったことを誰に対しても語らず、自らの経験を一生胸に秘めたまま亡くなることが多いことは先に述べた。そのなかでも、一部の戦災孤児経験者が自らの体験を何らかのかたちで語り始める

のは、戦後40年以上が経過した1980年代後半以降のことであり、その後多く
の当事者の方々が重い口を徐々に開き始めるのは1990年代後半を待たなけれ
ばならない。そこには沈黙の半世紀とも言うべき長い語りの空白期間が存在す
るが、長く語られることがなかった「子ども時代」がその後まがりなりにも語
られ始めたという点において、この戦災孤児経験者の自分史語りは、「子ども
時代」を語る／語らないことに関する「語りの産出」のあり方を読み解いてい
く際のひとつの典型的な事例である。

　戦災孤児当事者語りの先駆的な実践者である金田茉莉が、1945年3月10日
の東京大空襲で両親を亡くした経験とその後の孤児として生きた生活困難を自
叙伝として最初に発刊するのが1986年であり、金田が中心になって戦災孤児
経験者の人びとの自分史を集約した書籍が世に出されるのは1997年を待たな
ければならない。また東京大空襲集団訴訟のなかで多くの戦災孤児経験者の人
びと（第一審原告131中51名が戦災孤児）が自らの孤児体験を語り始めるのが
2007年である（訴訟自体は2013年まで）。また、マスメディアで戦災孤児に関
する特集が組まれ始めるのは、戦後70年を経過した2016年を待たなければな
らない。こうした特集番組の代表的なものには、2016年11月25日に戦後70年
特集として放送されたNNNドキュメント「戦争孤児たちの遺言　地獄を生き
た70年」や、2018年8月12日にNHKスペシャルとして、同じく戦後特集と
して放送された「『駅の子』の闘い～語り始めた戦争孤児～」などが挙げられ
る。この戦後70年を境として、戦災孤児経験者の証言は特集番組などを通じ
て社会のなかでまがりなりにも広く認知を得るようになる。

　金田は筆者のインタビューに対して、自らの活動を振り返りながら、特に
1980年代後半までは「戦災孤児という存在自体が一般に認知されていなかっ
た、いなかったことにされていた」（2017年3月26日）と語り、戦災孤児の経
験を聴き取る社会的関心が極めて希薄であったことを繰り返し述べている。

　戦災孤児として「子ども時代」を過ごした彼ら／彼女たちにとって、自らの
経験の語りの産出をめぐる障壁はいかなるかたちで経験されるのか。また、な
ぜ戦後50年以上という長い沈黙の後に、戦災孤児たちの経験が語られるため
の条件がまがりなりにもできあがったのか。以下では、戦災孤児経験者の「子
ども時代」語りの沈黙の理由と、語りが戦後50年以上経って可能になり始め
た社会的条件について考察していきたい。

2-2　戦災孤児としての戦後経験

　戦時期、特に1944年末以降本土において本格化した空襲被害などで戦災孤児となった人びとは、1947年12月に厚生省児童局が行った「全国孤児一斉調査」で確認されているだけでも12万3000人余りに上る。図8−1は筆者が戦災孤児の方々に聴き取りをするなかで、彼ら／彼女たちが孤児になってからの「子ども時代」にたどった経路を図示したものである。

　戦災孤児となった子どもたちには、戦災当時学童疎開で東北地方などの地方にいた者、またその他の理由で一時的に実家から離れていた子どもが大部分を占める。多くの子どもは学童疎開先などで親の訃報を知り、叔父叔母などの親戚との接点を一度はもつものの、その後上野駅などの大都市の駅頭で浮浪児としての生活を送った人びと、路上で警察に補導され施設措置された人びと、里子として他家に委託された人びと、またなかには人身売買で売られ過酷な労働を強いられた人びとなど、大多数の人びとが極めて不安定な生活を敗戦後社会のなかで強いられることになった。

　図8−2は、敗戦から約1年が経過した1946年9月に福岡県の小倉駅近くの路上で撮られた浮浪児の写真である。戦後数年の間、上野駅や名古屋駅、梅田駅や博多駅、そして小倉駅などの主要な大都市の乗換駅では浮浪児たちの姿が多く見られた。浮浪児たちの多くは、進駐軍相手の靴磨きやシケモク拾い（捨てられている煙草の吸殻を集めて1本の煙草に加工して売る）、闇市の手伝いやスリなどで日銭を稼ぎ、飢えを凌ぐものが多かった。浮浪生活を送る子どものなかには、その後警察に補導されて施設措置などになる子どももいたが、戦後の食糧難は児童施設にあっても例外ではなく、生きるために施設などから脱走を

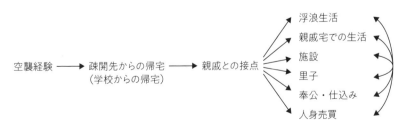

図8−1　戦災孤児の移動経路

図8−2　駅頭で眠る浮浪児（小倉駅）

繰り返し、路上生活に舞い戻る子どもたちも多数存在した。

2-3　なぜ自分の「子ども時代」を語れないのか？
── 幼少期に「親を亡くしたこと」によって付与されるスティグマ

　では、なぜ戦災孤児経験者の人びとは、自らの「子ども時代」を半世紀以上もの長い間語ることができなかったのか。また、戦後70年以上を経過した今もって戦災孤児としての「子ども時代」を語らない／語れない人びとが、これほどまでに多いのはなぜなのか。

　戦災などで孤児となった人びととがほぼ例外なく遭遇するのが、「子ども時代」に両親をともに亡くしたことによる、社会的信用の失墜とも言うべき経験である。ある者はいわれのない盗人の疑いをかけられ、ある者は容赦のない過酷な労働を強いられる。また孤児が女性である場合には、レイプなどの性的被害と隣り合わせの境遇におかれることも多い。

　戦災で両親を亡くし、孤児となった途端に生じたこのような社会的信用の失墜とも言うべき環境変容を、金田は「厳しい生活もあったかもしれないが、愛情のある生活をして、普通の家庭とおんなじ家庭の生活をしてた。その子どもたちが親を亡くした途端にまったく」（2018年12月2日）と語りながら、「ごみになっちゃったんで。だからその落差の激しさね。」（同）と、「ごみに」という言葉を使いながら自らに起きた周りの人間のまなざしの劇的な変化を表現する。

162

戦災孤児たちに生じた社会的信用の失墜とも言うべき環境変容は、それを成人した者が（戦災時に限らず）両親を亡くした場合と比較すると事態をより適切に把握しやすいだろう。たとえば、30歳代半ばに戦災などで両親を亡くした方を例にとれば、そのことによって彼ら／彼女たちに社会的信用の失墜がこれほど劇的なまでに生じるとは考えにくい。戦災孤児たちにとっての偏見のまなざしは、両親をともに亡くした経験が、ほかならぬ「子ども時代」に生じたことに起因する。「子ども時代」に両親をともに亡くすことは、「しつけがなされていない子ども」「非行に走りやすい子ども」といったラベルを当事者に付与しやすい。またそうした社会的偏見の背後には、「子どもは両親が揃っている家庭で育つことが当たり前」といった社会的通念が介在している。

　社会学者のアーヴィング＝ゴフマンは、社会のなかで付与される負のラベルのことをスティグマと呼び、それを「（スティグマとは）それさえなければ彼は問題なく通常の社会的交渉で受け容れられるはずのひとつの性質」（Goffman 1963=2016 p.15）と定義している。またそうしたスティグマが目に見えないものである場合には、スティグマ者は自らの情報を隠したり（「パッシング」）、「情報操作」を行ったりといった「自己呈示戦略」を駆使することを強いられることを指摘している。

　戦災孤児経験者にとって、「子ども時代」に両親をともに亡くすことは、自分にとっての精神的・物理的な支えを失うことに加えて、社会的偏見のまなざしにさらされ、スティグマが付与されやすい状況に自らが投げ出されることを意味した。そして、そうした「戦災孤児」というスティグマ化されたカテゴリーに囲い込まれるがゆえに、彼ら／彼女たちは自らの境遇を他者に語らないという、パッシングを軸とする自己呈示戦略を採らざるをえない。戦災孤児経験者が自らの「子ども時代」の経験を黙して語らない／語れない理由のひとつには、社会内における孤児に対するスティグマ付与の経験が深く関与している。

2-4　「語れること」と「語れないこと」を分けるもの
──二人の戦災孤児経験者のライフストーリーから

　次に、戦災孤児経験者二人のライフストーリーを読み解くなかで、彼ら／彼女たちの戦後経験のなかでも「語れること」と「語れないこと」とを分ける分岐点を見ていきたい。以下は、本項で見ていくＴさん（女性）およびＫさん

（男性）の生活歴をまとめたものである。

> Ｔさん：1930年東京都城東区生まれの女性。父親は鉄道員。14歳のとき（1944年）に母方の実家の山形に疎開。1945年8月10日の山形県酒田付近での空襲で両親と一番下の妹を失う。叔父さん（母の弟）が1万円を持たせて、弟（10歳）と妹（8歳）とともに、父親の実家（栃木県今市市）に世話になるように指示。父親の実家とは疎遠になっていたＴさんは、行っても世話してもらえないだろうと判断し東京へ戻るも、そこで東京大空襲で焼け野原になった焦土を目の当たりにする。その後、弟と妹を連れて上野駅近辺で浮浪生活。叔父さんにもらったお金を握りしめて、上野の地下道で飢えをしのいだ。その後奉公などをしながら各地を転々とする。

> Ｋさん：1934年東京都城東区砂町生まれの男性。父、母、姉、兄、Ｋさん、弟、妹の7人家族。10歳のときに山形県南陽市赤湯温泉に疎開。父と母、姉を東京大空襲で失う。Ｋさんと弟、妹は最初は長野にある親戚の家に別々に預けられた後、各地を転々とする。Ｋさんは預けられた長野の親戚の家から里子として長野県の背中に入れ墨のある夫妻の家に預けられるが、そこでの重労働と酷使に耐えかねて再度脱走し、上野の焼け跡で浮浪生活をする。その後、文京区の冨塚警察署で保護され、児童相談所に移送、その後東京都内にある施設（教護院）に入る（1年半）。その後15歳で、上野竹町（現在の台東区おかず横丁付近）にあった中国籍の方が経営する中華料理店に小僧に出る。その後独立し文京区千駄木に中華料理屋を開業。

　Ｔさん（女性）とＫさん（男性）は、ともに戦後約70年が経過した2010年代半ばになって、ようやく重い口を開き、自身の戦災孤児としての「子ども時代」を語り始めた人びとである。ともに、空襲被害で両親を亡くした後に、親戚を頼ることもできず、路上での浮浪生活や里子として他家での厳しい生活に耐えながら「子ども時代」を送った。

2-4-1　特に語られにくい浮浪児経験
　語られにくい戦災孤児経験のなかでも、特に「語られること」と「語られないこと」を分ける経験のひとつに、戦後直後に駅頭などで浮浪児として過ごし

た浮浪経験が挙げられる。TさんとKさんは共に敗戦直後の上野駅界隈での浮浪経験があるが、Kさんには相手が語れる人であれば、そうした経験を語ることに格段の躊躇が見られるわけではない。他方で、Tさんは2010年代半ば以降自らの体験を公の場で口にするまでは、自らの上野駅での浮浪体験を配偶者にさえ語らずに口を閉ざしてきた。そして、Tさんにとっての浮浪経験は、その後自らの戦災孤児経験を語り始めたのちに、最も頻繁に、そして力を込めて語られる経験へと変容していく。

　Tさんは、自らの幾多の戦災孤児経験のなかでも、敗戦直後に上野駅駅頭や地下道で送った浮浪児としての経験を繰り返し回顧しながら、「まあね、でもよく生きてきたなと思いますね。上野で、たくさん子どもさん死んでくの、見てきたからね。かわいそうだなと、随分泣きましたよ。」（2017年9月19日）と語る。Tさんにとって、空襲で両親を亡くした後に親戚に頼ることもできず、叔父さんにもらった1万円を握りしめて弟、妹と上野駅で浮浪児として飢えを凌ぎながら生き延びた経験は、筆者とのインタビューのなかでも再三再四繰り返し語られた主題であった。

　当時、上野駅は浮浪児たちの間で「ノガミ」（野上）と呼ばれ、多くの浮浪児たちがたむろする場所として有名だった。また、上野駅地下道で眠る浮浪児たちのなかには、朝になると冷たくなって死んでいった子どもが多数いたことは、当時刊行された歴史資料のなかにも記録が残されている。Tさんの浮浪経験の語りは、そうして死んでいった子どもたちと、何とか生き残って今まで生きてきた自らを対照させるかたちで、浮浪経験を自らの戦災孤児経験の中心に位置づけながら紡がれる。

　他方で、Tさんは浮浪児としての生活を送ったことを長い間誰にも（亡くなった配偶者の方に対しても）一切語ることはなかった。筆者がTさんに投げかけた「ご自身に浮浪経験があったことは、旦那さんにはなぜ生前話されておられなかったんですか？」という問いかけに対して、Tさんは「多分。嫌に思われると思うから、しなかったのかもしれませんね、多分。だから、何も言わなかったですもんね。あ、そうかもしれないですね。」（同）と語った後、「やっぱり。こんな女もらったのかと思われるのがつらかったんですよね。」（同）と、自らが女性だからこそ、また配偶者に対してだったからこそ、語りがたかった自らの浮浪経験を捉え返す。

2-4-2 「戦災孤児」であったことを周囲に語る／語らない

Tさんとkさんは共に、戦後70年前後の時期を境に自らの戦災孤児としての「子ども時代」を語りだした方々である。そうした二人には、しかし、現在にあっても自らの戦災孤児経験を周囲の人間に語ることに関する温度差が見られる。Tさんには、自らが戦災孤児であったことを語ることへの格段の躊躇や逡巡は、現在では少なくとも表面上は見られない。他方でkさんは、自らが戦災孤児であった事実を現在でも限られた人以外ほとんど人に語ることはない。

Kさんは、筆者の「戦災孤児だったことを周囲に語りたがらない方は、やはり多いんですか？」という問いかけに対して「ああ、多い。多い。私もね、この話、同業者に言ってない。みんなおやじ同士は交流はあってもね、飲み会でも何でも、この話はしない。」（2017年9月23日）と言い、たとえ自らに最も近い同業者の方々に対してであっても、自らが戦災孤児経験者であることを現在でも一切語ることはない。

Kさんは、その理由を「思い出したくないっての」（同）と、その経験のあまりの過酷さゆえの沈黙であるとしながらも、また戦災孤児であったことを伝えることが「自慢にはなんないしね。それから、下に見られちゃいけないとかね、言い方悪いけど。何にも言わない。近所の人にも言わないし。」（同）と語り、経験を語ることが、自らの社会的信用の失墜や社会的地位の低下につながりかねないがゆえに、周囲に自らの「子ども時代」の境遇をあえて語らない戦略を今もって採っている。

幼少期に両親を亡くすことが経済的・物理的な支えを喪失することに加えて、「しつけがなされていない子ども」「非行に走りやすい子ども」といったスティグマを当事者に付与しやすいこと、またスティグマ者は自己呈示戦略の際に、自らの情報を隠すパッシングをしたり、情報操作をしたりしながら、生存戦略を練ることは先に論じた。Kさんの語りからは、こうしたスティグマは彼ら／彼女たちが成人した後も、また戦後70年以上が経過した現在にあっても、当事者の人びとを強く拘束し続けていることが見てとれる。

2-5 「子ども時代」を語りだした契機
──「戦災孤児」から「戦争孤児」へ

以上、二人の戦災孤児経験者のライフストーリーの一端を見ることで、当事

者にとっての「子ども時代」の語られ難さの背景にあるものを検討してきた。このTさんとKさんは共に2010年代半ばに、戦災孤児当事者の語りが社会的関心を呼ぶなかで自らの経験を語りだした人びとであることは先述したが、次にこうした戦災孤児たちの当事者語りの主導者であり、同運動の牽引役である金田茉莉が自らの経験を語りだし、そうした活動を広げていった経緯について見てきたい。

　金田は本土空襲が激しさを増した1945年前半の時期を宮城県の学童疎開先で過ごした。そして、小学校3年生時の1945年3月10日の空襲で東京都城東区にあった実家に空襲があり、両親を失った。しかし、金田がそのことを本格的に公に向けて語りだすのは、戦後40年余りが経過した1980年代後半のことである。金田が自らの経験を「私もずっと隠してきたんですよね」（2018年12月2日）と語っていることからもわかるように、戦災孤児経験の語り難さは、当事者語りの主導者である金田にとっても同様に強く意識されていたことがわかる。

　金田が自らの戦災孤児経験を語り始めたのは、50歳のころ胆のうの重い病気になり、九死に一生を得たことが契機となっている。金田は身辺整理のために自分の古い日記を処分しようとした際に、それまでの自分史を戦災で亡くした母に報告するためにまとめ、それを『母にささげる鎮魂記』として1986年に自費出版した。そのことがきっかけとなり、不忘会（学童疎開を通して戦争を研究する会）や全国疎開学童連絡協議会に顔を出し始めた金田は、自分と同じように学童疎開中に戦災で孤児になった方々が大勢いたことをそこで初めて知り、彼ら／彼女たちの語りに耳を傾けるようになる。金田は、そうした会でのやりとりのなかで戦災孤児経験者が重い口を開いていく様子を、「そういうずーっと長いつきあいのうちに、ぼつぼつ出てくるんですよ、いろんなことが。自分が話しできなかったことがね。私もこうだったとか。」（同）と表現している。

　ライフストーリー研究者のケン・プラマーは、語り手の「ストーリーがつくられ聞かれることを容易にする社会的歴史的条件」（Plummer 1995=1998 p.96）を考察するなかで、それまで語られることのなかった人びとのライフストーリーが語られるようになる社会的条件には、「それらを受け入れる用意のある強力なサポートコミュニティ」（同書 p.33）が必要とされることを指摘し、その例として黎明期のゲイ運動や女性運動、そしてセラピー運動を挙げている。

不忘会や全国疎開学童連絡協議会といった学童疎開経験者のコミュニティは、金田を始め多くの戦災孤児経験者にとって、自らの「子ども時代」の経験を語ることを可能にする「強力なサポートコミュニティ」としての役割を果たした。

　その後、金田らは「戦争孤児の会」を組織するとともに、1997年にメンバーの自分史を集めた書籍『焼け跡の子どもたち』を発刊し、戦災孤児経験者の語りを広く公開していく活動に着手する。そうした活動の原動力について金田は、「(戦災孤児たちが)浮浪児の汚名を着せられたままでね、それが私は非常に悔しいんですよ。(中略)汚名を着せられたまんまに死んでいっている。」(同)と語りながら、「だからその闇に葬られてきた人たちのことを取り上げないと浮かばれない。親たちだって浮かばれない。」(同)と、戦災孤児経験者の当事者語りの運動を推し進める際の自らの信念を語る。

　また、こうした戦災孤児経験者の当事者語りを推し進める過程で特徴的なのは、「戦争孤児の会」という会の名称にも端的に表されているように、彼ら／彼女たちは自らを「戦災孤児」ではなく、「戦争孤児」という名称で表現するようになったことにある。本章では、ここまで彼ら／彼女たちのことを「戦災孤児」という言葉で表現してきたが、同名称は元来は戦後の児童福祉関係者などの専門家によって多く使われた名称であり、当事者たちはその「戦災孤児」というカテゴリーに囲い込まれることによって、数々のスティグマを付与されてきた系譜がある。またそうした「戦災孤児」のスティグマ化の系譜は、金田の先述の「汚名を着せられたまんま」という言葉に端的に表現されてもいる。であるがゆえに、彼ら／彼女たちは、自らの当事者語りを開始する際に、この「戦災孤児」というスティグマ化された名称を回避しつつ、戦争の犠牲者としての「戦争孤児」という名称を用いながら自己を再定義し、自らの活動を推し進める際に使用するという自己呈示戦略を採ることになった。

3　おわりに

3-1　「子ども時代」の自己呈示戦略
──語りの「条件」としてのカテゴリーとスティグマのループ

　以上、戦災孤児経験者の語りを事例に、「子ども時代」を語ることができる

社会的条件や語りの制約に関して、特にライフストーリー形成論を参照しつつ、それを語り手の自己呈示戦略という視角から論じてきた。「子ども時代」に両親をともに亡くすことは、遺された子どもに社会的信用の失墜にともなう過酷なまでのスティグマを付与することを意味した。またそうした「戦災孤児」というスティグマ化されたカテゴリーに囲い込まれた人びとは、自らの「子ども時代」を語らないというパッシング戦略を、特に1980年代後半に至るまで採用する方々がほとんどだった。スティグマ化された経験を語り始める運動は同時期以降特に1990年代後半から2000年代にかけて徐々に展開されていく。そのなかで特徴的なのは、そうした当事者語りの主導者たちによって、それまでの「戦災孤児」というスティグマ化されたカテゴリーではなく、戦争犠牲者としての「戦争孤児」という名称を伴って、また社会的承認要求の活動として運動が開始された点にある。以下では、それまで語られなかった経験を人びとが語り始める際の「ストーリーがつくられ聞かれることを容易にする社会的歴史的条件」（Plummer 1995=1998 p.96）について、もう少し踏み込んだ議論を行っておきたい。

　科学哲学者のイアン・ハッキングは、自らの研究視角を説明するくだりのなかで「女性難民」というカテゴリーに囲い込まれた人びとを例に挙げながら、「社会的に構築されているのは『女性難民』という社会的カテゴリーであり、そうした分類法の存在が、自分が女性難民という『ある種の人間（a kind of human)』であることを学び、その種にふさわしいように行為するようになる」（Hacking 1995=1998 p.73）こと、また「分類方法が分類される側の人びとに影響を与えると同時に、その逆の事態も起こしている」（同 p.47）と論じ、そうした社会的カテゴリーと社会実践とが相互作用するあり方を「ループ効果」と定義した。

　戦災で両親をともに亡くした人びとは、自らの戦災孤児としての「子ども時代」の経験を半世紀にも及ぶ間、公的に語ることはなかった。「戦災孤児」経験の長い沈黙は、当事者たちが自らを「戦災孤児」というスティグマ化されたカテゴリーと結びつけながら、自らが「ある種の人間」であることを学び、その種にふさわしいように行為した結果であるとも解釈できる。そうした戦災孤児経験者たちは、長い沈黙の後に、自らを名指す名称を「戦災孤児」から「戦争孤児」へと変更させながら、「汚名を着せられた」自らの存在の社会的承認を求めて、自らの経験を「語る」という自己呈示戦略を選択することになった。

戦災孤児経験者の語りが「つくられ聞かれることを容易にする社会的歴史的条件」には、「戦災孤児」という社会から押し付けられスティグマ化されたカテゴリーを当事者自らが改変し、「戦争孤児」という新たな名称をつくり上げながら自らの存在の社会的承認を要求するという、カテゴリーとスティグマのループとも言うべき軌跡を経ることが必須の条件であった、ということもできるかもしれない。

3-2 「子ども時代」の語りを可能／不可能にする 社会的制約の重層性

　本章では、「われわれの子ども時代は○○だった」「近年の子どもは子どもらしくない」といった「子ども時代」語りのあり方に内在化している、子ども（らしさ）／大人（らしさ）、ないしは、子どもらしい子ども（時代）／子どもらしくない子ども（時代）、といった二分法的な語りの産出のあり方を相対化するとともに、「子ども時代」の語りを可能／不可能にする社会的制約や条件などが重層的に介在するあり様を読み解いてきた。その際に、あえて戦災孤児経験者という、「子ども時代」を語りがたい社会的制約の下にいる人びとの「子ども時代」をめぐる語りを主題化しながら同主題を論じてきた。

　とはいえ、本章で紹介した人びとのように、自らの戦災孤児経験を「語る」という自己呈示戦略を選択しえた人びとは、現在に至ってもごく一部であり、大多数の人びとは現在でも自らの経験を「語らない」というパッシング戦略を採り続けている。彼ら／彼女たちの語りの制約は個々の生活状況や周囲の人びととの関係形成、などの諸要素が幾重にも重なりあいながら重層的に人びとの語りを拘束している。またそうした語りの制約は、自らの経験を語りだした人びとにとっても、本章で明らかにしたよりもはるかに複雑なかたちで重層化している。そうした語りを可能／不可能にする社会的条件を丁寧に読み解いていく研究視角の探究は、筆者の今後の作業にとっても重要であることはもちろんであるが、今後の子ども研究の研究視角を発展的に探究していく際にも重要な主題であり続けるはずである。

参考文献

朝日新聞社 (1995)『戦争と庶民1940-49　④進駐軍と浮浪児』朝日新聞社

Goffman, E. (1963) *Stigma: Notes on the management of spoiled identity*. Englewood Cliffs, New Jersey: Prentice-Hall.（ゴフマン／石黒毅（訳）(2016)『スティグマの社会学：烙印を押されたアイデン

ティティ』せりか書房）

Hacking, I. (1995) *Rewriting the Soul: Multiple personality and the sciences of memory.* Prinston University Press.（ハッキング／北沢格（訳）(1998)『記憶を書きかえる：多重人格と心のメカニズム』早川書房）

金田茉莉 (1986)『母にささげる鎮魂記』草の根出版会

金田茉莉 (2002)『東京大空襲と戦争孤児：隠蔽された真実を追って』影書房

厚生省児童局 (1948)『全国孤児一斉調査』厚生省児童局

Plummer, K. (1995) *Telling Sexual Stories : Power, change and social worlds.* London: Routledge.（プラマー／桜井厚・好井裕明・小林多寿子（訳）(1998)『セクシュアル・ストーリーの時代：語りのポリティクス』新曜社）

桜井厚 (2002)『インタビューの社会学：ライフストーリーの聞き方』せりか書房

戦争孤児を記録する会（編）(1997)『焼け跡の子どもたち』クリエイティブ21

第9章

生殖補助医療と「出自を知る権利」
── 技術・制度・規範のハイブリッド

野辺陽子

1 「子どもの出自を知る権利」とは何か？

　あなたは自分が誰の子宮から産まれたか知っているだろうか。また、誰の精子と卵子から生まれたか知っているだろうか。もし、あなたが父・母だと思っていた人から生まれていないことを知ったら、あなたは何を感じるだろうか。そのあと、誰から生まれたか知りたいと考えるだろうか。それともあまり興味がわかないだろうか。あるいは、興味はあるが、今まで育ててくれた人に遠慮して、そのような気持ちを抑えこむだろうか。

　社会のなかには、自分の誕生に誰がどのように関わったかについての情報をもっていない子どももいる。たとえば、児童養護施設で育つ子ども、里親家庭で育つ子ども、養子縁組した子ども、離婚・再婚家庭の子どもなどのなかには、そのような子どもが存在する。なかでも、第三者が関わる生殖補助医療で生まれた子ども、すなわち夫婦以外の第三者が関わる、精子提供、卵子提供、代理出産などで生まれた子どもは、出自に関する情報を得るうえで、より困難を抱えている。

　日本では、1949年に慶応義塾大学病院で、匿名の提供精子による人工授精によって最初の子どもが生まれてから、現在まで数万人の子どもが生まれているとされる。生まれた子どもが、生殖補助医療によって生まれた事実や、提供者に関する情報を得る権利を「子どもの出自を知る権利」と呼ぶが、精子提供の提供者は匿名であるため、生まれた子どもは提供者について知ることができない。日本では、生殖補助医療に関する法律がなく、日本産科婦人科学会の会告等、医師の自主規制によって行われている。政府や日本学術会議などは、生殖補助医療の法整備について検討してきたが、未だに実現していない。このよ

うな現状に対して、「(子どもの権利：筆者注)条約に明記されながら、国内で法的な保護の下にないもののひとつが『父母を知る権利』だ。生殖補助医療（不妊治療）の進展を踏まえ、法整備の必要が指摘されてきたのに、国会の動きは鈍い。医療現場任せをいつまで続けるのだろうか」「生まれてくる子どもたちのために、大人たちは何をすべきか。これ以上の先送りは、もはや許されない」[1] という批判がメディア等で行われている。

「子どもの出自を知る権利」の保障が主張されるようになってきた背景には、何が「子どものため」なのかをめぐる常識の変化がある。かつては、出自について「知らせない方が子どものため」という考えがあったが、現在では「知らせる方が子どものため」という考えが支配的になってきている。しかし、現状では、出自を知ることが困難であるため、この現状を批判し、改善するために、「出自を知らないこと＝アイデンティティの混乱」「出自を知ること＝アイデンティティの確立」という二分法の図式が構築され、「子どもの出自を知る権利」の保障が主張されている。

本章では、「生殖補助医療と子ども」という主題（Prout 2005=2017 p.205）について、「子どもの出自を知る権利」の議論を事例に考察したい。今まで、生殖補助医療によって生じた子どもの「問題」のひとつである「子どもの出自を知る権利」は、主に上述したような「子どものためである／ない」という二分法で語られてきた。しかし、医療技術（生殖補助医療）のみならず、制度（戸籍や関連法）、規範（新旧さまざまな家族観と子ども観）などが複雑に関連して構築されてきた「子どもの出自を知る権利」を、この単純な二分法で捉えることは難しい。そこで、本章では、「子どもの出自を知る権利」という思想が、構築されてきた複雑なプロセスを、歴史をさかのぼることで描き出し、同時に、そのような複雑さを捉えるための、二分法を超える新しい視角を提案したい。

2 「子どもの出自を知る権利」の現状

歴史をさかのぼる前に、日本で「子どもの出自を知る権利」がどのような状況にあるのか確認しておこう。子どもが自分の出自を知るうえで重要なのが、出自が記録されているか否かと、その記録を自由に閲覧できるか否かである。欧米のような出生証明書がない日本においては、戸籍というメディアが実

親を記録・検索する機能を主に担ってきた。そのため、ここで戸籍の記載について確認しておきたい。

日本の法律上の親子関係には、実子と養子という区分がある。実子は通常、戸籍を見れば実親の氏名を知ることができる。

養子制度には、現在、普通養子制度と特別養子制度の2つの制度がある。普通養子制度の場合は、子どもの戸籍に実親と養親の両方の氏名が記載されており、子どもは「養子」と記載されているため、戸籍を見れば、養子である事実と同時に、（棄児であったなどの特別な事情がある場合を除き）実親が誰かも一目瞭然でわかる。特別養子制度の場合は、子どもの戸籍には、実親の氏名は記載されておらず、「養子」という文言もない。しかし、戸籍に「民法817条の2による裁判確定」という特別養子であることを示す文言があり、戸籍をさかのぼっていけば、（棄児であったなどの特別な事情がある場合を除き）実親の氏名と本籍地を知ることができる。つまり、どちらの養子制度でも基本的に戸籍を通じて、実親が誰かを知ることができる。

では、第三者が関わる生殖補助医療の場合、戸籍の記載はどうなるのだろうか。第三者が関わる生殖補助医療については、精子提供・卵子提供の場合と代理出産の場合では戸籍の記載が異なる。日本の民法では、基本的に、産んだ女性が法律上の母親、その配偶者が法律上の父親となる。法律婚の夫婦が、第三者の精子提供や卵子提供を受けて子どもをもつ場合は、妻が出産するため、妻が法律上の母親、その夫が法律上の父親となる [2]。戸籍に精子提供や卵子提供の事実は書かれず、親が子どもに事実を告知しなければ、子どもは精子提供・卵子提供で生まれたことを知らない可能性が高い。それに対して、代理出産の場合は、出産した代理母が法律上の母親になる（代理母に夫がいれば、その夫が法律上の父親となる）。代理出産の依頼者と子どもが法律上の親子関係を形成するためには、依頼者の夫婦と生まれた子どもが養子縁組する必要がある。養子縁組をすれば、子どもの戸籍に産んだ女性と（夫がいれば）その夫が実親として記載されることになる。

以上の記述をまとめれば、表9−1のようになる。

このように、第三者が関わる生殖補助医療のなかでも、精子提供・卵子提供の場合、戸籍に提供者の名前も、提供を受けて生まれた事実も記載されないため、親が子どもに告知しなければ、子どもは提供配偶子で生まれた事実を知る可能性は低い。また提供配偶子で生まれた事実を知った後に、提供者の氏名を

表9-1　子どもの戸籍における実親の記載の有無

精子・卵子提供	代理出産	特別養子	普通養子
×	△（特別養子の場合） ○（普通養子の場合）	△	○
卵子・精子提供の記載なし 提供者の記載なし	生まれた子どもは依頼者と特別養子縁組もしくは普通養子縁組する必要あり	養子という文言なし 実親の氏名の記載なし 裁判確定日の記載あり	養子の文言あり 実親の氏名の記載あり

（○は有、×は無、△は一見ではわからないが、手続きをふめばわかる）

知りたくても戸籍でそれを確認することはできない [3]。そこで、本章では精子提供・卵子提供の事例を念頭におくが、特に精子提供についての議論を追いかけていく。日本で第三者の関わる生殖補助医療で生まれた「子どもの出自を知る権利」といった場合、主に精子提供の事例が今まで議論されてきたからである。

3　「子どもの出自を知る権利」の主張における二分法

　第三者が関わる生殖補助医療の実施にともなって発生した「子どもの出自を知る権利」の保障という「新しい問題」をめぐっては、二分法の視角から、その保障が主張されてきた。

　まず、提供者の個人情報を知ることは、子どものアイデンティティの確立などのために重要だと考えられ、子どもの福祉に適うと理解される（厚生労働省2003）[4]。さらに、子どもの権利条約が「子どもの出自を知る権利」の根拠として引用され、出自を知ることは「子どもの権利」であり、大人は「出自を知りたい」という子どもの意見を聴き、子どもと対話するべきだという主張が行われる（才村編 2008 p.41）。

　また、「子どもの出自を知る権利」の保障は家族観とも結びつけられて論じられてきた。産婦人科医や親が子どもに出自を知らせたがらないのは、血縁主義（血縁にこだわるため、血縁関係がないことを隠したがる）といった古い価値観であると指摘され（南 2010 p. 238）。出自を知る権利を認め、提供者の匿名性を廃止すれば、提供者と親が対立する存在ではなく、ともに子どもにとって

表9-2 「子どもの出自を知る権利」の主張における二分法

子どものためではない	子どものためである
出自がわからない	出自がわかる
アイデンティティの混乱	アイデンティティの確立
保護される子ども	自己決定する子ども
前近代家族(家)・近代家族	ポスト近代家族(ドナーの可視化・包摂)

重要な存在として認められ、子どもが提供者と関わる開放的な家族に変化すると主張される（南 2010 p.iii）。ここまでの説明を整理すると、表9-2のような二分法になるだろう。

　このような二分法は、「子どもの出自を知る権利」が保障されていない状況、具体的には子どもが提供者を知る手立てが制度的に保障されていない状況に対抗するうえでは、社会にアピールする、非常にわかりやすい主張であろう。

　しかし、「生殖補助医療と子ども」の複雑な関わり合いを検討するためには、このような「子どものためである／ない」という二分法では不十分である。そもそも、この二分法は、規範的な主張であり、経験的なデータから構築されたものではない。この二分法では、「子どもの出自を知る権利」を認めていない現在の日本の状況は、表9-2の左側のセルに該当することになるが、現実はもっと複雑である。規範的な主張は、社会的な力をもつとはいえ、社会の変化の背景には、利害関係や権力関係、さまざまな葛藤があることの方がはるかに多い。そのため、規範的な主張の向こう側にある複雑な実態を捉えていく必要がある（Prout 2005=2017 p.217）。

　「子どもの出自を知る権利」の議論は、生殖補助医療の発展のみならず、現在の日本社会で出自をたどる手段である戸籍制度や産科婦人科学会のガイドラインなどの諸制度や、子どもや家族に期待される規範などと複雑に絡み合って進行してきた。そこで、本章では、「子どもの出自を知る権利」の議論が出できた歴史的文脈やステークホルダー（利害関係者）、その議論に関連するさまざまな要素に目配りして、実態を記述していく。

4 「子どもの出自を知る権利」は どのように構築されてきたのか？

　では、これから、「子どもの出自を知る権利」がどのようなプロセスを経て、構築されてきたのかを、歴史をさかのぼって確認する。生殖補助医療が問題化される状況は、生殖補助医療の技術の展開によって異なるため、それを基準に4時期に分けて（上林 2013 p.25）、制度（戸籍制度・養子法・産科婦人科学会のガイドライン）、医療技術（生殖補助医療）、規範（子ども観・家族観）の関連に着目しながら、「子どもの出自を知る権利」に関わる議論を追いかけていく[5]。

4-1　1949年〜1977年

　この時期は、現在のように、「子どもが出自を知ること」が「子どものため」であるという考え方は主流ではなく、「子どもが出自を知らないこと」が「子どものためである」という考え方も存在していた。専門家言説のなかに現れた家族観・子ども観もその考えと整合的であり、法学者が「子どものため」に議論したのは、主に法律上の親子関係の安定性だった。

4-1-1　技術の導入
　1980年代に体外受精が臨床化される以前は、第三者が関わる生殖補助医療は、精子提供（非配偶者間人工授精）のみが実施されていた。人工授精とは、器具を使って精子を子宮に注入する技術のことである。精子提供の規制に関する国レベルのガイドラインはなく、主に精子提供を行っている大学病院のガイドラインに沿って行われていた。

4-1-2　家と近代家族が混合した家族観
　精子提供は、戦争によって生殖機能に障害を受けた男性たちの救済策であることを強調して導入された（柘植 2012 p.132）。夫方の血縁にこだわる家の観念が維持されていた1940年代の日本において、提供精子による人工授精が行われた理由のひとつは、男性不妊を隠し、近代家族を装うためであった（柘植

2012 p.148)。

4-1-3　実子入籍と家族の安定性

なお、この時期は、まだ特別養子制度は立法化されておらず、普通養子制度しか存在しなかったが、前述したように、日本では、実子も養子も戸籍を通じて基本的に実親の名前と本籍地を知ることができる。

　一方、精子提供による親子関係に関する法律はなく、精子提供で生まれた子どもは、夫婦の戸籍に実子として入籍（以下、実子入籍）していた。この実子入籍が、精子提供で生まれたことや精子提供者がわからない、という現在の「子どもの出自を知る権利」の観点から問題視されることはなかった。当時は、実子入籍はのちに親子関係不存在確認の訴えが起こる可能性があるため、法律上の親子関係の安定性という観点からのみ法学者から問題視されていた（上林2013 p.30）。親子関係不存在確認の訴えとは、夫婦間の子ではないことが明らかな場合に起こす訴えのことで、これが認められれば、法律上・戸籍上の親子関係が解消されることになる。当時は、血縁関係の明確化より家族の安定性の方が重要だと考えられていた。

4-1-4　当時の子ども観

　子どもに対する告知（子どもに精子提供で生まれた事実を伝えること）については、子どもが精子提供で生まれたことを知れば思い悩むなどの悪影響があると想定されており、そうした悪影響を生じさせないことが「子どものため」であると考えられ、精子提供を行っている産婦人科医の間には、子どもには精子提供の事実は秘匿すべきだという主張もあった（上林2013 pp.25-31）。

4-2　1978年〜1989年

　この時期から、海外の法律の動向を踏まえて、子どもが出自を知ることを保障すべきだという論調が強くなっていく。特別養子制度では、その道筋が制度的に保障されたが、精子提供の場合は、制度化されることはなかった。

4-2-1　技術の進歩

1978年に体外受精という新しい生殖補助医療が登場した。体外受精とは、採

卵手術により女性の身体から卵子を取り出し、体外で精子と受精させ、受精卵ができれば、それを女性の子宮内に戻す技術のことである。これによって、卵子提供という新しい選択肢が登場し、体外受精型の代理出産も可能になった。

4-2-2　法・戸籍の変化

1982年から法制審議会で、特別養子制度の立法が検討され始める。特別養子制度は、普通養子制度とは異なり、子どもの福祉を目的とし、一組の強固な親子関係（養親子関係）を形成するために、子どもと実親との法的な親子関係を解消する制度である。特別養子制度は1987年に成立し、戸籍を一見しても養子だとわかりにくいものの、戸籍をたどっていけば実親の氏名と本籍地がわかる仕組みが考案された。

4-2-3　子ども観の変化

この時期に、「出自」を知ることができなければ、子どもは「アイデンティティ」を確立できないという児童福祉の専門家言説が特別養子制度の立法の議論で顕在化するようになる。法務省は、特別養子制度の戸籍の仕組みについて「特別養子が成長して実親が誰であるかを知りたいときは、除籍簿を通じて実親の戸籍をたどることができる。いわゆる特別養子の実親を知る権利（アイデンティティを知る権利）を保障したもの」（土屋 1987 p.20）と説明している。

一見しただけでは養子だとわからないようにしながらも、実親をたどる仕組みが考案されたのは、戸籍制度の信頼性を維持したい法務省と、子どもの「アイデンティティ」を主張する児童福祉の専門家言説が、偶然にもうまく一致した結果だと考えられる（野辺 2018 p.125）。

一方、第三者が関わる生殖補助医療では、1985年に、スウェーデンの生殖補助技術に関する法律が「子どもの出自を知る権利」を保障していることが日本に紹介され、第三者が関わる生殖補助医療における「子どもの出自を知る権利」の議論が本格的に始まる（上林 2013 pp.32-38）。当時、精子提供で生まれた子どもの研究はほとんど行われていなかったため、このスウェーデンの法律は、精子提供で生まれた子どもではなく、養子に関する研究を参照して、精子提供で生まれた子どもにも出自を知る権利を認めることが必要だという結論を導いている（遠矢 2016 p.284）。

精子提供では、依然として実子入籍が行われており、特別養子制度では養子

を実子と偽るような戸籍の記載が許可されないのに、精子提供の実子入籍は長年放置されていることに対して、「なぜ精子提供者が戸籍に父と記載されず、遺伝的なつながりのない夫が父と記載されるのか」という質問が当時、国会でなされている。これに対して、法務省は、民法には嫡出推定の規定があるため、法律上の虚偽にはあたらず、「医学の上での倫理の問題にも実は絡んでまいります。そういうふうな事柄との兼ね合いもありまして、余り民法サイドで先走ってといいますか、そういう立法をすべき事柄でもないのじゃないか」と答弁している（第103回参議院法務委員会 1985年11月26日）。ここで戸籍制度の遵守について、精子提供と養子制度では、ダブルスタンダードがあることがわかる。

4-3　1990年〜2000年

この時期に、以前は、告知や「アイデンティティを知る権利」などの用語で語られていた論点が、「子どもの出自を知る権利」という用語にまとめられ、「子どもの権利」として議論されるようになり、法整備をめぐって、子ども観と家族観のせめぎあいが顕在化する。

4-3-1　子ども観から法整備への動き
1989年には、子どもの権利条約が成立し、その第7条は、のちに「子どもの出自を知る権利」の根拠として[6]、第三者が関わる生殖補助医療のみならず、すでに成立していた特別養子制度の議論でも引用されるようになっていく。

4-3-2　技術発展から法整備への動き
1990年代に入ると、海外で行う代理出産や卵子提供、シングル女性の人工授精がメディアで報じられるようになり、代理出産や非配偶者間体外受精などの国内では公には実施されていなかった技術も法整備の議論の対象となる。1996年に営利目的の精子バンクが設立されると、日本産科婦人科学会は同年に精子提供に関する会告を発表し、これが1997年に厚生労働省が厚生科学審議会先端医療技術評価部会で、生殖補助医療を規制する法律案に関する審議を開始する契機になった（柘植 2012 p.134）。

4-3-3　子ども観の変化と家族観とのせめぎあい

　この時期は、「子どもの出自を知る権利」を保障すべきだという考えが主流になったが、一方で、生殖補助医療で誕生したことを子どもが知ると、子どもの精神的な負担になる可能性が再び懸念されるようになった。子どもに対する告知（精子提供で生まれたことを子どもに伝えること）についても、賛成論がある一方で、「子どもの出自を知る権利」は認めざるをえないが、大半の親は告知を行っていない現状や、告知することが必ずしも子どもの幸福につながるとは言えず、親に告知を義務づけることはできないという意見や、出自を知らされないことも子どもにとって利益であるという意見などもあった（上林 2013 pp.38-49）。

　1997年には、日本産科婦人科学会が「非配偶者間人工授精と精子提供に関する見解」を発表し、「精子提供者のプライバシー保護のため精子提供者は匿名とする」という見解を示した。その理由は、「匿名性が保障されなければ、提供者本人およびその家族に与える社会的影響も大」きく、「提供された側もその後の家族関係の安定のため、提供者が匿名であることを通常希望している」からである。ここでは、「子どもの出自を知る権利」よりも家族関係の安定性が優先されていることがわかる。

4-4　2000年代〜

　「子どもの出自を知る権利」の法整備の議論では、主張の根拠として、「子どもの福祉」「子どものアイデンティティの確立」「子どもの自己決定」が強調されていく。当事者が議論に加わることで、大人に対抗するための「子どもの権利」という視角が顕在化していく。しかし、子ども観が、自己決定する主体としての子ども観に完全に変化したわけではなく、保護の客体としての子ども観も同時に存在していた。

4-4-1　技術と子ども観から法整備の動き

　2000年を前後した、精子売買や代理出産のあっせんなどの生殖補助医療の商業利用が報道されたことや精子提供に関する裁判が起こったことに後押しされ、生殖補助医療の法整備に向けた動きが本格化した。1998年から始まった厚生省の専門委員会での議論の結果が「精子・卵子・胚の提供等による生殖補

助医療のあり方についての報告書」（2000年）として公表され、これを踏まえた、厚生労働省の審議会の議論の結果が「精子・卵子・胚の提供等による生殖補助医療制度の整備に関する報告書」（2003年4月）にまとめられた。第三者が関わる生殖補助医療により生まれた子どもの法律上の親子関係を明確にするため、法務省の審議会で議論された結果が「精子・卵子・胚の提供等による生殖補助医療により出生した子の親子関係に関する民法の特例に関する要綱中間試案」（2003年7月）として公表された。

　子どもの出自に関する情報については、2000年の厚生省の報告書では、子どもは個人の特定が不可能な範囲で提供者の情報を得ることができるとされたが、児童福祉の専門家や児童精神科医が委員として加わった2003年の厚生労働省の報告書では、一転して、子どもは個人の特定が可能な情報を含めた提供者の情報を得ることができるとされた。

　この2003年の報告書では、「子どもの出自を知る権利」の保障は、自己決定する主体としての子ども観が採用されている。「提供者の個人情報を知ることは精子・卵子・胚の提供により生まれた子のアイデンティティの確立などのために重要なもの」であるため、「提供された精子・卵子・胚による生殖補助医療により生まれた子または自らが当該生殖補助医療により生まれたかもしれないと考えている者」で、15歳以上の者は、「精子・卵子・胚の提供者に関する情報のうち、開示を受けたい情報について、氏名、住所等、提供者を特定できる内容を含め、その開示を請求をすることができる」という文言が報告書に盛り込まれた。開示請求は「生まれた子が開示請求ができる年齢を超え、かつ、開示にともなって起こりうるさまざまな問題点について十分な説明を受けたうえで、それでもなお、提供者を特定できる個人情報を知りたいと望んだ場合、その意思を尊重する必要がある」とされ、「子どもの出自を知る権利」の行使は、子どもの自己決定に任されている。

　ただし、子どもが提供者を知った場合、それまでの家族・親子関係が変化する可能性があるため、近代家族という家族観は変化する可能性もある（上林2013 p.77）。子ども観と家族観のせめぎあいの結果、血縁関係の明確化より家族の安定性が重要だと考えられてきた過去とは優先順位が逆になってきたことがわかる。

4-4-2　技術と家族観から法整備の動き

　同時に、この2003年の報告書は、子どもの保護の観点から生殖補助医療を利用できる家族を限定している。報告書では、第三者が関わる生殖補助医療によって形成される親子関係について、「独身者や事実婚のカップルの場合には、生まれてくる子の親の一方が最初から存在しない、生まれてくる子の法的な地位が不安定であるなど生まれてくる子の福祉の観点から問題が生じやすい」ため、第三者が関わる生殖補助医療を受けられるのは、法律上の夫婦に限定するとしている。さらに、実施医療施設における実施責任者は、倫理委員会を設置し、夫婦の健康状態、精神的な安定度、経済状況など夫婦が生まれた子どもを安定して養育することができるかどうかについて審議を行うことが求められている。また、「匿名関係にある男女から提供された精子と卵子によって新たに作成された胚」は、「愛情を持った夫婦が子を持つために得た胚ではな」いため、提供できないとしている。

　このように、第三者が関わる生殖補助医療を受けて子どもを持ちたい親は「異性の、法律婚の夫婦」であり、「愛の結晶としての子ども」に安定した養育環境を与えることが求められており、近代家族の形態と機能とともに保護の客体としての子ども観が存在していることがわかる（上林 2013 p.72）。

　この報告書では、子どもの保護を目的として、家族観はおおむね近代家族に沿っているが、「子どもの出自を知る権利」の保障については、子どもの自己決定を前提としており、2003年の報告書には、保護の客体としての子ども観と自己決定する主体としての子ども観が混在している。その結果、家族観が近代家族以外のものへ変化する可能性も潜在的に埋め込まれているといえる（上林 2013 p.75）。

　なお、厚生労働省は2004年の通常国会に第三者が関わる生殖補助医療に関する法律案を提出する方向で作業を進めていたが、与党内から「子どもを産む権利を国が規制するのはおかしい」などの反対意見が出たため、政府提案による法律案の提出を断念した（上林 2013 p.51）。

4-4-3　規範から技術の問い直し

　また、この時期には、精子提供で生まれた子どもの当事者がメディア等で活発に声を上げ始める。当事者たちは、2010年に「第三者の関わる生殖技術について考える会」を立ち上げ [7]、「第三者の関わる生殖技術の是非を、今一度問

い直す」ことを会の目的のひとつとし、「第三者の関わる生殖技術にSTOP!!」という集会を開いた。当事者のひとりは、手記のなかで「現状では、生まれれば医療は終了します。子どもは、それによって生まれるという一番の当事者であるにもかかわらず、インフォームドコンセントを受けるわけでもなく、つまり、この方法で生まれたいかどうか聞かれることもなく、生まれてしまいます。そして自分の根幹の部分を覆い隠されたまま育てられます」（非配偶者間人工授精で生まれた人の自助グループ・長沖暁子編 2014 pp.83-84）、「医者に言いたい、自分もこの方法でぜひ生まれたいと思えるのかと。そうでないのならやってほしくない」（非配偶者間人工授精で生まれた人の自助グループ・長沖暁子編 2014 p.149）と技術の問い直しを主張した。

親は第三者が関わる生殖補助医療を選択しているが、子どもは（当然であるが）そのような技術を用いて生まれてくることを選択することはできない。もちろん、どのような子どもも生まれ方を選ぶことはできないが、第三者が関わる生殖補助医療は、医療を用いているため、当事者へのインフォームドコンセントが求められる。その原則を逆手にとって、生まれた子どもの意見を尊重した医療の実施がなされていない（才村編 2008 p.3）という批判が行われ、さらに、生殖補助医療は、これまで主に大人の論理で進められ、「子どものため」というのはあくまで親や大人の考えであって、子どもの意思と乖離しており、精子提供で生まれた子どもは、新たな当事者として議論に参加する権利があるという主張が行われた（才村編 2008 p.41）。「権利」というレトリックは、他の資源をほとんど手に入れられないときに、社会的な権力を生み出す手段であり、権力をもたない人にふさわしい戦略である（Prout 2005=2017 p.212）。この主張では、第三者が関わる生殖補助医療を推進する産婦人科医や、それを用いて子どもを持ちたいと願う親などが「大人」としてまとめ上げられ、それに対抗するために、「子どもの権利」が対置されるようになっていく。

しかし、新聞などのメディアにおいては、「本当の父を知りたい」という当事者の声を強調して報道し、当事者と連携した児童福祉の専門家も、「子どもの出自を知る権利」の保障を正当化する議論の構築に重点をおき、「第三者の関わる生殖技術の是非を問い直す」という当事者の主張は、提供者を知りたいという「子どもの出自を知る権利」を要求する主張に縮小されて引用されていった（竹家 2015 pp.59-60）。

5 二分法を超えて ── 〈ハイブリッド〉という視角

　本章では、生殖補助医療によって生じた子どもの「問題」のひとつである第三者が関わる生殖補助医療で生まれた「子どもの出自を知る権利」を取り上げ、歴史をさかのぼって、その主張が構築されてきた複雑なプロセスを明らかにしてきた。今まで、「子どもの出自を知る権利」は、「子どものためである／ない」という二分法から語られることが多かった。しかし、本章で見てきたように、歴史をさかのぼれば、「子どものためである／ない」と考える内容は変化しており、過去には現在とは異なる価値観があったことがわかる。また、当事者たちは、子どものころに告知を受けたとしても「違和感は消えない」と語ったように（非配偶者間人工授精で生まれた人の自助グループ・長沖暁子編 2014 pp.151-153）、「子どもの出自を知る権利」を保障すれば、子どもの「アイデンティティの混乱」が避けられるかは、実は、わからない。

　さらに、「子どもの出自を知る権利」の保障については、戸籍制度と結びついて行われる養子制度では、子どもが実親の戸籍にたどり着く道筋が保障されたが、医療の枠組みで行われている第三者が関わる生殖補助医療は、戸籍から出自をたどる道筋は保障されない。しかし、医療の枠組みで行われているがゆえに、「インフォームドコンセント」という概念と「子どもの自己決定」という子ども観が結びつけられ、医療制度という枠組みは「子どもの出自を知る権利」の保障を主張する根拠のひとつとして利用されている。このようなプロセスのなかで、家族観とも関連しながら、保護の客体としての子ども観が採用されたり、自己決定する主体としての子ども観が採用されたりしている。

　本章の最後に、このような複雑な事例を捉える視角を提案したい。イギリスの社会学者のアラン・プラウトは、「子ども」を理解するうえで、従来の対立的二分法は不適切であると主張する（Prout 2005=2017 p.53）。そして、生物・技術・社会の〈ハイブリッド〉として子どもを捉えていく視角を提案する。本章でも、生物・技術・社会の〈ハイブリッド〉のひとつの事例として、制度、技術、規範の相互関連に着目して、「子どもの出自を知る権利」が構築されるプロセスを記述してきたと言える。生殖補助医療は、後期近代と言われる現代に先鋭的な事例のひとつである（Prout 2005=2017 p.205）。生殖補助医療によっ

て、どのような価値観が混合し、どのような子ども観が生み出され、それがどのように現実の子どもに影響を与えるのかを、現代社会の子どもの多様性のひとつの事例として、私たちは注視していく必要がある。

注

[1] 朝日新聞「(社説) 出自知る権利　いつまで放置するのか」2017年12月3日 (https://www.asahi.com/articles/DA3S13256844.html, 2019.05.18 閲覧)

[2] 第三者が関わる生殖補助医療で生まれた子どもの法的親子関係については、(家永 2005) を参照。

[3] 提供を受けた病院のカルテ等の媒体に記録が記載・保管されている可能性もあるが、それが子どもに開示されるかどうかは不明である。

[4] 厚生科学審議会生殖補助医療部会「精子・卵子・胚の提供等による生殖補助医療制度の整備に関する報告書」(https://www.mhlw.go.jp/shingi/2003/04/s0428-5a.html#1, 2019.05.19 閲覧)

[5] 第三者が関わる生殖補助医療と子どもの福祉の議論の変遷については、上林 (2013) を、特別養子制度の立法化の背景とプロセスについては、野辺 (2018) を参照。

[6] 「子どもの出自を知る権利」の根拠として子どもの権利条約の第7条がしばしば引用されるが、引用する論者自身が、同条約の「親を知る権利」のなかに第三者が関わる生殖補助医療で生まれた子どもの「出自を知る権利」が含まれているとは言えないと指摘している (才村編 2008 p.33)。

[7] 第三者の関わる生殖技術について考える会ホームページ (daisansha.exblog.jp , 2019/3/5閲覧)。なおこのホームページは、現在、更新されていない。

参考文献

非配偶者間人工授精で生まれた人の自助グループ・長沖暁子 (編) (2014)『AID で生まれるということ：精子提供で生まれた子どもたちの声』萬書房

家永登 (2005)「生殖医療に対する法的対応」上杉富之 (編)『現代生殖医療：社会科学からのアプローチ』(pp.40-58) 世界思想社

上林薫 (2013)「生殖補助医療をめぐる議論における『子どもの福祉』の再検討」東京大学大学院人文社会系研究科修士論文

南貴子 (2010)『人工授精におけるドナーの匿名性廃止と家族：オーストラリア・ビクトリア州の事例を中心に』風間書房

野辺陽子 (2018)『養子縁組の社会学：〈日本人〉にとって〈血縁〉とはなにか』新曜社

Prout, A. (2005) *The Future of Childhood: Towards the interdisciplinary study of children.* Routledge.（プラウト／元森絵里子 (訳) (2017)『これからの子ども社会学：生物・技術・社会のネットワークとしての「子ども」』新曜社)

才村眞理 (編) (2008)『生殖補助医療で生まれた子どもの出自を知る権利』福村出版

竹家一美 (2015)「『アクター』としての非配偶者間人工授精 (AID) 児：新聞記事の分析を通して」『年報社会学論集』28: 52-63.

遠矢和希 (2016)「出自を知る権利」『産科と婦人科』83(3): 281-285.

土屋文昭 (1987)「養子法の改正について」『判例タイムズ』38(29): 4-26.

柘植あづみ (2012)『生殖技術：不妊治療と再生医療は社会に何をもたらすか』みすず書房

あとがき

　大学院で研究を始めたばかりのころ、初めて日本子ども社会学会に出席して先達方の詳細な子ども研究を目の当たりにしたとき、「子どもたちはわからないからいいものの、こんなにいちいち言動を分析されていることを自覚したらパニックになるだろう！」と感じたことを覚えている。本書が再検討した1980年代子ども議論がなされているそのとき、本書の執筆者たちは、まさに子ども当事者であった。子どもに関してさまざまな議論がなされた80年代とは、私たち子どもにとって、どのような時代だったのだろうか。私たちは子ども時代をどのように記憶し、どのような原風景を描くのだろうか ——。

　本書の企画は、日本子ども社会学会に集う多分野の若手研究者らが中心となって呼びかけ、2014年3月から開催してきた手弁当勉強会が発端となった。その後、年に2回から3回のペースで開催し、出版の準備が大詰めを迎える2019年1月までに計13回の勉強会をもった。開始当初は各発表者が博士論文を基に出版した著書を発表してさまざまに議論をする勉強会が数回続き、その後、緩やかなテーマを設定して文献を収集しての読書会も開催された。そのなかで幾度となく浮上したのは、「子どものため」をどう考えるかという議論であった。「子ども」がどのように議論されてきて、そこに「子ども」の当事者性はどのように位置づけられてきたのか、あるいは位置づけるべきか。これを考えるうえで、各々が拠り所とする学問分野の蓄積とそれを横断する議論の接点を探るべく、80年代議論をきちんと整理勉強する必要性に駆られていった。本書が80年代議論を出発点にしたのはそのような経緯からである。

　企画を進めるなかでわかってきた80年代議論の課題は元森による序章で整理されているが、そのなかでも実感として見えてきたのは、80年代議論を先導してきた世代のもつ自らの子ども時代の原風景が、80年代の「大人による押し付け教育子ども観」に対する危機感の背景にあるのではないかということであった。戦時中から戦後直後に子ども時代を過ごした先達たちは、豊かさの向かう先にある子どもへの強固な管理に危惧を抱いたのかもしれない。「今時の子ども」と「われわれの時代」が対比として語られるのが世の中の常である

ように、子ども研究者もまた、対象とする「今時の子ども」を「われわれの子ども時代」の視点から見ていたのではないかということである。しかし、そうした主観や自覚が研究のなかで意識的に語られないままに「子ども」を対象化したことが、かえって問題の争点をわかりにくくしていた。本書が、研究者も含めた子どもをとりまく関係性に自覚的になることを目指したのは、この課題を乗り越えるためである。

とはいえ本書の執筆者たちは、80年代議論を乗り越えるという「研究のための研究」を目指してきたわけでは決してない。現在21世紀初頭の子ども研究の原動力もまた、80年代の研究が時代批判を目指していたのと同じように、やはり時代のなかでの子どもの現状改善が原動力となっている。Part 2、Part 3の各論は、いわゆる「子どもの貧困」や「格差」「生殖医療をめぐる生」という実態としての諸問題が対象となっている。これらの問題がどのように構築されてきたのかを検証するだけが社会科学の仕事ではないことは自明である。むしろ、その問題を冷静に見つめながらも、目の前の子どもたちの生が保障される動きにドライブをきることが研究者の役割となっている。すなわち、「子どものため」の議論は、その言説の構築を読み解きつつも、目の前にいる「子どものため」に真剣に取り組む視点が含まれてこそ、なのである。Part 2、Part 3の執筆者たちの論考には、そのような思いが詰まっていることを読み解いていただけるだろう。

最後に、本企画を進める過程で得た学びと反省点を確認しておきたい。「80年代議論が往々にして各学問分野に基づいて進められたものの寄せ集めに終わり、分野を横断する理論的検討に限界があった」という課題を意識するあまり、本企画を進めるうえで若干の無理が生じていたことは否めない。80年代に子ども時代を過ごし、90年代から2000年代初頭に大学で教育を受けた私たちは、基本的には各学問分野の議論蓄積のうえにトレーニングを受けてきた。そのため、本書も各執筆者によって論の展開の仕方が多様である。その多様性を生かしつつ共同で議論を重ねるというのは想像以上に難しく、編集の過程において、知らず識らずのうちに他の原稿に対して自らの手法を主張しがちであったことは否めない。このことに気づき真摯に向かい合うためにはあまりにも短期間のスケジュールを設定し、さらには各々が昨今の大学をとりまく多忙のなかで、十分な余裕を確保することができなかった。そのために少なからず各執筆者に無理を強いてしまった。これはひとえに編者らの未熟の致すところである。こ

190

の経験と気づきは、今後の研究に生かしていきたい。

　終始手弁当で進めてきた勉強会から本書の出版に至るまでには、本書の執筆者たちのみならず、勉強会に参加してくれた多くの若手研究者たちによる議論への貢献が大きい。ここに一人ひとりの名前を挙げることはできないが、改めて感謝したい。また、本書の企画を快く受け入れ、出版を実現に導いてくださった新曜社の塩浦暲氏には、出版社の立場で80年代議論にもつきあって来られた経験から、企画の最初の段階から助言を頂いてきた。ここに感謝の意を表したい。

南出和余

著者紹介 （＊印は編者）

＊ **元森絵里子**（もともり　えりこ）【序章】

1977年生。明治学院大学社会学部教授。子ども社会学，歴史社会学。著書に『「子ども」語りの社会学―近現代日本における教育言説の歴史』（勁草書房，2009年），『語られない「子ども」の近代―年少者保護制度の歴史社会学』（同，2014年）。共著に『子どもと貧困の戦後史』『自殺の歴史社会学―「意志」のゆくえ』（ともに青弓社，2016年）。訳書にアラン・プラウト『これからの子ども社会学―生物・技術・社会のネットワークとしての「子ども」』（新曜社，2017年）。

吉岡一志（よしおか　かずし）【第1章】

1981年生。山口県立大学国際文化学部准教授。子ども社会学，子ども文化論。共著に『入門・子ども社会学―子どもと社会・子どもと文化』（ミネルヴァ書房，2015年），『子どもの現在（いま）―10の視点からのアプローチ』（晃洋書房，2010年）。論文に，「子どもが語る『学校の怪談』の内容分析―子どもは学校制度による『抑圧』に抵抗しているのか」『子ども社会研究』（2013年）。

＊ **南出和余**（みなみで　かずよ）【第2章】

1975年生。神戸女学院大学文学部准教授。文化人類学，バングラデシュ地域研究。著書に『「子ども域」の人類学―バングラデシュ農村社会の子どもたち』（昭和堂，2014年）。共編著に『「学校化」に向かう南アジア―教育と社会変容』（昭和堂，2016年），『フィールドワークと映像実践―研究のためのビデオ撮影入門』（ハーベスト社，2013年）など。

＊ **高橋靖幸**（たかはし　やすゆき）【第3章】

1978年生。新潟県立大学人間生活学部講師。子ども社会学，教育社会学。共著に『教師のメソドロジー―社会学的に教育実践を創るために』（北樹出版，2018年），『未来を拓く保育の創造』（学術図書出版社，2019年）。論文に「昭和戦前期の児童虐待問題と『子ども期の享受』―昭和8年児童虐待防止法の制定に関する構築主義的研究』『教育社会学研究』（2018年）。

大嶋尚史（おおしま　たかふみ）【第4章】

1979年生。国立青少年教育振興機構青少年教育研究センター研究員。子ども社会学，教育社会学。論文に「安全教育が目指しているものは何か？―通学路に関する学校安全セミナーの事例から」『社会学ジャーナル』（筑波大学社会学研究室）（2013年）。「子どもの「守れない安全」を守ることの意味」『社会学ジャーナル』（2015年）など。

坪井瞳（つばい ひとみ）【第5章】

1979年生。東京成徳大学子ども学部准教授。幼児教育学，児童福祉学，子ども社会学。共著に『子どもの生活を支える家庭支援論』（ミネルヴァ書房，2013年），『こどもの世界 第1巻 こどもと文化／生活』（大学図書出版，2013年），『保育実践を学ぶ保育内容「人間関係」』（みらい，2013年），『演習 保育方法の探究』（建帛社，2011年）など。

藤間公太（とうま こうた）【第6章】

1986年生。国立社会保障・人口問題研究所社会保障応用分析研究部第2室長。家族社会学，教育社会学，福祉社会学。著書に『代替養育の社会学—施設養護から〈脱家族化〉を問う』（晃洋書房，2017年）。共著に『地域で担う生活支援—自治体の役割と連携』（東京大学出版会，2018年），『新 世界の社会福祉 南欧』（旬報社，2019年），『よくわかる家族社会学』（ミネルヴァ書房，2019年）。共訳書に『フローと再帰性の社会学—記号と空間の経済』（晃洋書房，2018年），『最小の結婚—結婚をめぐる法と道徳』（白澤社，2019年）。

針塚瑞樹（はりづか みずき）【第7章】

1978年生。別府大学文学部教職課程准教授。教育人類学，インド地域研究。共著に『「学校化」に向かう南アジア—教育と社会変容』（昭和堂，2016年）。共訳書に，『ピア・パワー—子どもの仲間集団の社会学』（九州大学出版会，2017年）。

土屋敦（つちや あつし）【第8章】

1977年生。徳島大学総合科学部社会学研究室准教授。医療社会学，家族社会学，子ども社会学。著書に『はじき出された子どもたち—社会的養護児童と「家庭」概念の歴史社会学』（勁草書房，2014年）。共著に『子どもと貧困の戦後史』『〈ハイブリッドな親子〉の社会学—血縁・家族へのこだわりを解きほぐす』（ともに青弓社，2016年），『孤児と救済のエポック—十六〜二〇世紀にみる子ども・家族規範の多層性』（勁草書房，2019年）。共訳書に『混合研究法の基礎—社会・行動科学の量的・質的アプローチの統合』（西村書店，2017年）。

野辺陽子（のべ ようこ）【第9章】

1970年生。大妻女子大学人間関係学部准教授。家族社会学，アイデンティティ論，マイノリティ研究。著書に『養子縁組の社会学—〈日本人〉にとって〈血縁〉とはなにか』（新曜社，2018年）。共著に『〈ハイブリッドな親子〉の社会学—血縁・家族へのこだわりを解きほぐす』（青弓社，2016年），『生殖医療と医事法』（信山社，2014年），『グローバル化時代における生殖技術と家族形成』（日本評論社，2013年）。

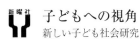 子どもへの視角
新しい子ども社会研究

初版第1刷発行　2020年2月20日

編　者　元森絵里子
　　　　南出和余
　　　　高橋靖幸
発行者　塩浦　暲
発行所　株式会社　新曜社
　　　　101-0051　東京都千代田区神田神保町3−9
　　　　電話（03）3264-4973（代）・FAX（03）3239-2958
　　　　e-mail : info@shin-yo-sha.co.jp
　　　　URL : https://www.shin-yo-sha.co.jp

組版所　Katzen House
印　刷　新日本印刷
製　本　積信堂

新曜社の本

（表示価格は税抜きです）